어울리면 열리는 길

도영큰스님 법어집

어울리면 열리는 길

'어울리면 열리는 길'이란

살아있는 생명이 모이는 곳에는 언제나 시비가 엇갈린다. 각기 다른 기억으로 세상과 만나므로, 동일한 상황이라고 해도 알아차림이 같지 않다. 기억의 부림이 삶이고, 차별의 연속이 인생이다.

경험의 놀음에 휘둘려 차별에 놀지 말고, 이웃하는 이들과 어울리는 길을 가라. 그런 이는 얼음 능선을 가고 칼날 위를 달릴 수 있다. 그리고 기린의 뿔과도 같고 불 속에 핀 연꽃과도 같다.

이를 두고 원오극근 선사는 '같은 길을 가는 자라야 서로 알아본다[同道者方知].'라 하였으니, 곧 '어울리면 열리는 길'이다.

❀ 효림

서 문

오늘날 우리는 지식과 정보의 홍수 속에 살고 있다. 각종 디지털 매체와 네트워크는 눈부신 속도로 발전하고 있으며, 그 속에서 인간은 무한히 연결되어 있는 듯 보인다. 그러나 정작 사람과 사람 사이의 마음은 점점 더 멀어지고 있다. 무한한 접속이 가능해졌음에도 불구하고, 우리는 진정한 만남과 소통을 상실한 채 고립과 단절의 감각에 시달린다.

이러한 시대적 모순은 결국 '함께 산다는 것'의 의미를 되묻도록 만든다.

불교의 가르침은 이러한 질문 앞에서 귀중한 통찰을 제시한다. 불교는 인간을 독립적이고 고립된 존재로 보지 않는다. 오히려 '이것이 있으므로 저것이 있고, 이것이 생하므로 저것이 생한다[此有故彼有 此生故彼生]'라는 연기의 가르침을 통해, 존재는 언제나 관계 속에서 성립한다고 말한다.

　나는 나 혼자 존재하지 않으며, 나의 삶은 수많은 조건과 인연 속에서 가능하다. 곧 '나'라는 존재는 이미 '너'와 '우리'와 '세상'과 함께 짜여 있는 그물망 속에서만 의미를 지닌다.

　이러한 연기의 사유는 윤리적 차원에서 새로운 길을 열었다. 인간은 함께 어울려 살아갈 때에만 비로소 자기 자신을 온전히 실현할 수 있으며, 타자의 행복과 안녕은 곧 나의 행복과 안녕과 분리될 수 없다는 자각이 생겨났다. 불교적 윤리의 출발점은 바로 여기에서 비롯된다.

　자비慈悲와 보시布施, 그리고 계율戒律의 정신은 타자와 더불어 어울리는 삶을 통해 인간 본래의 청정성을 회복하려는 길이다. 자기중심적 욕망에 갇혀 타자를 배제하는 삶은 결국 스스로를 가두는 일이지만, 타인과 함께하는 삶은 곧 자유와 열림의 길이다.

'어울리면 열리는 길'이라는 제목은 바로 이러한 불교적 통찰을 담고 있다. 세상과 단절된 자아는 끝내 닫힌 길을 걸을 수밖에 없다. 그러나 관계와 인연 속에서 어울림을 실천하는 자는 스스로의 삶을 열어가며, 동시에 타자에게도 새로운 가능성을 선사한다.
　어울림은 곧 열림이다. 그리고 열림은 곧 깨달음과 자비의 실천으로 이어진다.

　이 법어집은 불교적 윤리를 바탕으로, 현대 사회가 직면한 소외와 고립, 경쟁과 배제의 문제를 성찰하며, 우리가 나아가야 할 새로운 삶의 방향을 모색하려는 시도이다.
　불교는 인간이 본래 청정한 마음을 지니고 있음을 가르치며, 그 청정성은 타자와의 어울림 속에서 드러난다고 한다. 그렇기에 불교적 삶은 혼자가 아니라 함께, 나의 깨달음이 곧 타자의 깨달음과 맞닿아 있음을 자각하는 데 있다.

'어울리면 열리는 길'은 단순한 도덕적 훈계가 아니라, 불교적 인간 이해의 귀결이자 실천적 지향이다. 관계와 연기의 그물망 속에서 타자와 더불어 살아갈 때, 우리는 비로소 자기 자신을 실현하며, 세상 또한 한층 더 밝고 평화롭게 열리게 된다.

이 글을 통해 독자들이 불교적 윤리의 길 위에서 자신과 타자, 그리고 세계의 새로운 조화를 모색하기를 바란다.

끝으로 보잘것없는 이 책이 나오기까지 많은 분들이 수고를 아끼지 않았다. 특히 김현준 거사님의 노고를 잊을 수 없다. 교정과 교열을 하느라 애쓰신 효림출판사 편집실 직원의 노고도 일일이 거명할 수 없다.

그리고 이 책에서 발견될지도 모르는 단견이나 오류는 전적으로 나에게 있다. 많은 질정을 바란다.

불기 2569(2025)년 가을
백화도량 종남산 송광사 약사전에서
금산 도영

 차 례

서문·4

제1부 주인되어 살자

Ⅰ 수처작주隨處作主·17
    임제스님의 대오大悟 … 18
    수처작주隨處作主 입처개진立處皆眞 … 25
    모든 것은 나 하기 나름 … 29
    남 탓 말고 주인 되어 … 33

Ⅱ 마음의 조화·37
    일체유심조 … 38
    마음이 모든 것의 근본 … 46

Ⅲ 불안한 마음을 내어 놓아라·53
    안심법문安心法門을 연 달마대사 … 54
    달마의 안심법문 … 60
    이어지는 안심법문 … 63
    안심법문의 핵심 … 67

차례

Ⅳ 날마다 좋은 날〔日日是好日〕· 71
    새로움을 맞이하면 … 72
    날마다 좋은 날〔日日是好日〕… 76
    삼업청정과 삼밀수행 … 82

Ⅴ 지극한 도는 어렵지 않네 · 89
    신심信心 … 90
    지도무난 … 95
    뒤가 없는 마음으로 살자 … 104

Ⅵ 금강경의 핵심 가르침 · 109
    금강경의 위치 … 110
    범소유상 개시허망 … 113
    여래를 보지 못하는 사람 … 117
    꿈과 같은 삶 속의 일들 … 120
    과거심 · 현재심 · 미래심 불가득 … 123

 차 례

Ⅶ 걸림 없는 삶, 기도로 열자·129
　　마음을 허공처럼 맑게 하라 … 130
　　기도하고 참회하자 … 137

Ⅷ 염불 수행의 길·147
　　아미타불과 함께하면 … 148
　　유심정토와 타방정토 … 155
　　염불로 깨달으려면 … 160

Ⅸ 부처님은 왜 오셨는가?·165
　　불교가 어려운가? … 166
　　가장 거룩한 인연 … 171
　　욕심과 원력 … 175

차 례

Ⅹ 무상한 삶과 열반의 삶·183
 설산동자 이야기 … 184
 제행무상의 세계 … 188
 열반의 즐거움 … 193

Ⅺ 보살의 길·201
 보살이란? … 202
 보살의 지혜 … 205
 보살의 자비 … 208
 보살의 보시 … 211

Ⅻ 보시가 수행이요 포교·219
 천 년이 향기로운 덕인의 삶 … 220
 보시가 진짜 수행 … 223
 말세의 극복은 베풂에서 … 231

 차례

제2부 본래 청정과 불교적 인간

Ⅰ 들어가는 글 / 어리석음인가 무한한 가능성인가 · 239
인간의 태생적 어리석음 … 240
인간의 무한한 가능성을 조망한다 … 243

Ⅱ 부처와 중생 사이 · 249
청정 자비심과 번뇌 삼독심 … 250
본래 청정과 인간 … 252
본래 청정으로 나아가는 길 … 257

Ⅲ 청정성에 대한 불교적 담론 · 261
근본불교에서의 마음 … 265
대승불교에서의 마음 : 불성과 여래장 … 267
중국 선불교에서의 마음 : 즉심즉불 … 271

차례

Ⅳ 마음 청정의 길과 수행·277

　수행의 본질과 청정의 길 … 278
　불교적 윤리와 청정성 회복 … 281

Ⅴ 불교적 인간과 윤리적 실천·283

　청정성의 회복과 윤리적 삶 … 284
　삼학과 불교윤리 … 291
　여덟 가지 바른 삶의 방식 : 팔정도 … 294
　타자를 향한 청정성의 확장 : 보살행 … 298

Ⅵ 공감의 윤리적 대안과 청정성 회복 가능성·303

　윤리적 위기와 불교적 대안 … 304
　공감과 어울림의 윤리적 실천 … 309

· 맺는 글 / 어울리는 삶과 열리는 길 … 313

제1부
주인되어 살자

> 제1부 〈주인되어 살자〉는 2024년과 2025년의 2년 동안 월간 「법공양」에 12회에 걸처서 절찬리에 연재하였던 법문을 모아 정리한 글이다.

I

수처작주隨處作主

임제스님의 대오大悟

隨處作主 (수처작주)	머무는 곳마다 주인이 되면
立處皆眞 (입처개진)	서 있는 그곳이 모두 참되어
境來回換不得 (경래회환부득)	어떤 경계가 와도 이끌리지 않게 된다
縱有從來習氣 (종유종래습기)	가령 지난날 지은 나쁜 습기가 있어
五無間業 (오무간업)	무간지옥에 떨어지는 업을 지었더라도
自爲解脫大海 (자위해탈대해)	스스로에게는 해탈의 큰 바다가 되나니

이 게송은 임제 의현선사臨濟義玄(?~867)가 남긴 『임제록 臨濟錄』 속에 있다. 임제선사는 '할'을 비롯하여 매우 특이한 말씀으로 수많은 이들을 깨우쳤으며, 임제선사가 창종한 임제종은 우리나라 불교계에 지대한 영향을 미쳤다.

우리나라 불교의 조계종은 당나라 임제 의현 선사가

창종한 임제종의 영향을 많이 받았다. 고려 말기에 중국 원나라로 유학을 한 태고 보우太古普愚(1301~1382) 선사가 임제종 석옥石屋 선사의 법맥을 이어받고 귀국하여 임제종의 선을 널리 펼쳤는데, 그것이 조선시대 선종에 큰 영향을 주었고, 오늘날의 대한불교조계종으로까지 이어지게 되었다.

이 임제선사의 글을 살펴보기 전에, 우리나라 선불교에 크게 영향을 미친 임제선사의 오도悟道 이야기부터 살펴보자.

임제선사의 성은 형邢 씨요, 법명은 의현이며, 호가 임제이다. 중국 산동성 조주 지방에서 태어났는데, 어려서부터 순하고 총명이 남달랐으며 효행이 지극하였다.

청소년기에 출가하여 처음에는 계율 연구와 화엄학에 몰두하였지만, 그 공부가 불교의 진리를 체득하는 지름길이 아님을 깨닫고 여러 선사禪師들을 찾아다니다가, 황벽黃檗 스님 밑에 머물러 3년을 열심히 정진하였다.

그러나 깨달음에 이르기는커녕 마음이 초조하고 우울

해지기만 하였다. 그때 임제의 성실함과 순수성을 높이 산 황벽의 수제자 목주睦州 선사가 다가와서 물었다.

"황벽스님께 직접 법法을 물어본 적이 있느냐?"

"없습니다. 무엇을 물어야 할지도 모르겠고…."

"그렇다면 '어떠한 것이 불법적적대의佛法的的大意(불법의 명확한 대의, 불법의 핵심)입니까?'라고 여쭈어보아라."

임제는 시키는 대로 황벽스님을 찾아가서 여쭈었다.

"어떠한 것이 불법적적대의입니까〔如何是佛法的的大意〕?"

질문이 끝나기가 무섭게 황벽스님은 손에 쥐고 있던 방망이로 임제의 어깨를 스무 번이나 내리쳤고, 엉겁결에 이유도 모른 채 매를 맞은 임제는 대꾸 한마디 못 하고 쫓겨났다.

'도대체 내가 무엇을 잘못했단 말인가?'

맥이 탁 풀려버린 임제가 있었던 일을 목주선사에게 말하자, 묵묵히 들은 선사가 부드럽게 일러주었다.

"매를 맞고도 또 가서 묻는 것이 선禪의 수행이니 다시 한번 가서 여쭈어보시게."

이튿날 임제는 또 황벽스님을 찾아가서 여쭈었다.

"어떠한 것이 불법적적대의입니까〔如何是佛法的的大意〕?"

그러나 대답은 전날과 똑같은 매질뿐이었고, 목주선사는 또 달래며 권하였다.

"무슨 일이든지 세 번째는 성과가 있는 법이니, 한 번만 더 여쭈어보시게. 틀림없이 선의 진면목을 볼 수 있을 것이네."

그래서 그다음 날 또 황벽스님을 찾아갔지만, 이번에도 모진 매만 맞고 쫓겨났다.

분노와 원망과 의문이 머리끝까지 치솟은 임제는 아무 말 없이 숙소로 돌아와서 짐을 챙겼고, 이 광경을 본 목주선사는 황벽스님을 찾아가서 부탁을 드렸다.

"임제는 굳센 심신으로 정진을 잘하는 큰 그릇입니다. 하직 인사를 하러 오거든 특별히 응접하여 바른길로 이끌어 주십시오."

잠시 후 짐을 다 꾸린 임제가 작별 인사를 하러 오자 황벽스님이 지시하였다.

"다른 데로 가지 말고 곧장 고안高安으로 가서 대우大愚스님을 만나라. 잘 가르쳐줄 것이다."

임제는 황벽스님의 방망이 법문을 골똘히 생각하면서 며칠을 걸어 대우스님을 찾아갔고, 임제를 본 대우스님은 대뜸 물었다.

"어디서 왔느냐?"
"황벽스님 회상에서 왔습니다."
"황벽이 무슨 가르침을 주더냐?"
임제가 불법적적대의를 세 번 물었더니 세 번 다 매만 내리치더라는 이야기를 들려주면서 여쭈었다.
"제게 무슨 허물이 있어서 그렇게 매질을 당하였는지를 모르겠습니다."
"이 바보 같은 놈! 황벽이 그토록 간절한 마음으로 너를 위해 애를 썼는데, 겨우 묻는 것이 허물이 있나 없나냐?"
그 순간 크게 깨달은 임제는 소리쳤다.
"황벽의 불법도 원래 몇 푼어치가 되지 않는구나."
그때 대우스님이 임제의 멱살을 잡고 소리쳤다.
"이 오줌싸개 같은 놈아! 아까는 무슨 허물 때문인지 모르겠다고 하더니, 지금은 황벽의 불법이 몇 푼어치 안 된다고? 이놈아! 네가 본 도리를 말해 보아라. 빨리 말해라, 빨리!"

임제는 그 즉시에 대우스님의 옆구리를 쿡쿡쿡 세 번 쥐어박았고, 대우스님은 멱살을 놓으면서 이르셨다.

"너의 스승은 황벽이다. 나와는 관계가 없으니 너의 스승에게로 돌아가거라."

임제가 곧장 돌아가자 황벽스님이 말하였다.
"이놈아, 어디를 왔다 갔다 하느냐? 그래, 불법의 대의는 알았느냐?"

임제가 자초지종을 보고하자 황벽스님이 소리쳤다.
"대우 이 늙은이, 오기만 해 봐라. 한 번 톡톡히 맛을 보여주리라."

"여기까지 오기를 기다릴 것 있습니까? 지금 당장 맛을 보여줍시다."

임제는 이 말끝에 벌떡 일어나더니 손바닥으로 황벽스님의 등을 탁 내리쳤고, 황벽스님은 벽력같은 소리로 호령을 했다.

"이 고약한 놈! 감히 호랑이 수염을 잡아당겨?"

이에 임제는 방바닥에 엎드려 사자의 형상을 지으면서, 혼신의 힘을 다해 '악!'하고 대갈일성大喝一聲을 발하였다. 그러자 황벽선사는 임제의 대오大悟를 인가하고 법을 전하였다.

선문에서 매우 유명한 임제의 '할喝'은 바로 스승인 황벽스님과의 오도문답에서 비롯된 것이다.

수처작주隨處作主 입처개진立處皆眞

수처작주隨處作主 입처개진立處皆眞!

『임제록』 속의 이 말씀은 불교를 어느 정도 공부한 이들이 가장 좋아하는 구절이다. 특히 '수처작주' 네 글자는 더욱더 좋아한다.

불교에서는 늘상 고苦·공空·무상無常·무아無我를 강조한다. 괴롭고 텅 비었고 덧없고 나는 없다는 것이다. 그래서 늘 조심하면서 살고 참으면서 살고 하심下心하면서 산다. 그런데 그것이 아니다.

"내가 주인이니 주인답게 살아라. 주인답게 당당하게 살아라. 진짜가 되어 살아라. 태양처럼 살아라."

이렇게 임제선사는 할을 하신 것이다. 고·공·무상·무

아에 위축이 되어 살고 있던 우리는 좋다! 시원하다! 통쾌하다! 힘이 난다!

그렇다고 임제선사가 이 법문을 뿌리 없이 설한 것이 아니다. 인간의 주체성을 선언한 이 법문은 카필라국의 룸비니동산에서 태어난 부처님께서 '하늘 위 하늘 아래 나 홀로 가장 높다〔天上天下 唯我獨尊〕'고 하신 말씀과 그대로 통한다.

이 세상에는 나그네처럼 와서 부평초처럼 아무 의미 없이 살다가 가을바람에 떨어지는 낙엽처럼 허무하게 사라져가는 이들이 많다. 그러한 존재들에게 임제선사는 '이 세상의 주인이 되어 주체로서 당당하게 살아가라〔隨處作主 立處皆眞〕'고 일깨워 주셨다.

내가 이 세상의 주인이 되었을 때, 세상은 한없이 아름답고 의미 있게 우리들 앞에 펼쳐지게 된다고 하신 것이다.

나는 절에 오는 불자들에게 '이 절의 주인이 돼라'고 한다.

정녕 '내가 이 절의 주인이다' 하는 생각으로 절에 다니는 불자와 '이 절의 주인은 주지스님이고 나는 그냥 왔다 갔다 하는 나그네다'라고 생각하는 불자의 차이는 어떠할까? 절을 아끼고 사랑하는 마음이 하늘과 땅만큼 차이가 난다.

내가 이 절의 주인이라고 생각하는 신도는 절 마당에 있는 풀 한 포기조차 아름답게 보고 돌멩이 하나까지 소중하게 느끼면서 가꾸게 되니, 어찌 절이 빛나지 않을 것이며 포교가 제대로 되지 않을 것인가?

우리의 가정과 사회와 국가도 마찬가지이다. '내가 이 가정의 주인'이라고 생각하는 사람은 그 가정을 소중하게 가꾸고, 서로를 위하면서 가족들과 따듯한 정을 나누며 살아간다.

또 내가 이 사회의 주인이요 국가의 주인이라는 생각을 가질 때, 사회와 국가에 대한 고마움과 소중함을 느끼게 되고, 공동체 의식과 애국심이 우러나오게 되는 것이다.

일제강점기에 독립운동을 했던 만해 한용운스님이나 영국의 식민 통치 아래에서 인도의 독립을 위해 감옥에 수없이 드나들었던 간디 같은 분들은, '나라의 주인이 바로 나'라는 확신이 있었다. 그 확신 때문에 독립운동을 하다가 감옥에 갇혀 있으면서도 현실을 슬퍼하거나 두려워하지 않았다. 오히려 감옥에 갇힌 자신을 자랑스럽게 생각하였다.

　그 밖의 수많은 애국지사들도 독립운동을 하다가 감옥에 갇혀서 고문을 당하는 것을 주인의 당연한 본분이라 여겼고, 그 정도의 고통은 감내해야 된다는 주체 의식에 차 있었다. 그래서 그분들은 어떠한 고문이나 수모도 달게 감내할 수 있는 용기를 발하였던 것이다.

모든 것은 나 하기 나름

사람들 중에는 타인이나 환경이 나를 불행하게 만들거나 불행에 빠뜨린다고 생각하는 이들이 많다.
그러나 아니다.
우리들 스스로의 마음이 나를 슬프게 하고 분노하게 하고 절망에 이르게 한다는 것은 알아야 한다. 그리고 한 생각을 돌이켜서 '나그네가 아니라 주인이다'라는 의식을 갖게 될 때 이 세상은 아름답고 복되게 변화를 한다.

어디로 가든지 주인이 되어 보라. 공원에 가면 공원의 주인이 되고 거리를 거닐면 거리의 주인이 되어 보라.
내가 공원의 주인이라면 사용하는 사람도 없이 흘러나오는 수돗물이나 버려진 휴지를 그냥 둘 것인가? 당연히 잠글 것이고 주울 것이다. 또 거리의 주인이 되면 부지런히 청소하는 미화원을 보면 정말 고맙게 여길 것이다.

곧 항상 남에 대해 좋게 생각하고 좋은 일을 할 뿐, 남이 나를 위해주기를 바라는 생각이나 짜증·분노에 빠져들지 않게 된다. 그런데 가는 곳마다 주인이 되지 못하는 사람들은 나와 남을 완전히 분리시키고 나와 남을 갈라놓은 채 남을 생각하지 않는다. 오직 나 중심으로 살고 이기적인 인간이 되어서 살아간다.

그리하여 나에게 맞으면 탐욕을 일으키고, 나에게 맞지 않으면 화를 내고 시기 질투를 하고 싸움을 마다하지 않는 삶을 살아간다. 그 결과 어떻게 되는가? 고해에 풍덩 빠져서 수많은 고초를 겪게 되는 것이다.

고해 속의 삶! 그 출발점은 수처작주隨處作主가 되지 못하는 데 있다. 서 있는 곳, 가는 곳, 몸담고 있는 곳 그 어느 곳에서도 주인 노릇을 못 하고 살기 때문이다.

우리 마음속에는 본래 슬픔도 아픔도 불행도 없다. 이것들은 나그네인 객진번뇌客塵煩惱이다. 이 번뇌는 나그네처럼 와서 잠시 동안 우리의 마음을 슬프고 탁하고 우울하게 만들어 놓고 사라지는 티끌일 뿐이다.

임제선사께서는 '머무는 곳마다 주인이 되면 앞에 나타나는 모든 것이 참되게 된다〔隨處作主 立處皆眞〕고 하셨다. 설사 지옥에 떨어졌더라도, 지장보살처럼 '지옥 중생을 구제하기 위해 내 스스로 지옥에 왔노라'는 생각만 가지게 되면, 그 지옥이 아름다운 연꽃을 피우는 해탈의 세계로 바뀐다고 하셨다.

그럼 어떻게 사는 것이 주인이 되어 사는 삶인가? '나' 혼자의 힘으로 살아가는 것이 수처작주의 삶인가? 아니다. 너와 내가 함께 살고, 우주 자연과 내가 불이不二가 되어 사는 삶이 수처작주의 삶이다.

공기를 예로 들어 보자. 공기가 없으면 우리는 한 찰나도 살 수가 없다. 우리는 호흡을 통해서 우주 자연의 에너지인 공기를 받아들였다가, 내 속의 공기를 우주로 내뿜는다. 이 대우주의 공기와 나 속의 공기는 조금도 다르지가 않다.

그렇다면 '나'는 무엇인가? 우주와 호흡으로 연결된 작은 우주요, 이 우주가 진짜 나의 집이다. 대우주가 나의 집일진대, 내가 가는 곳마다 내 집 아닌 곳이 어디에 있으며, 내가 주인 아닌 곳이 어디에 있으리? 어디에서든지 나는 주인일 수밖에 없는 것이다.

내가 주인이니 나무 한 그루 풀 한 포기에 대해 고마운 마음이 나지 않을 수 없다. 언제나 나를 위해 맑은 공기를 만들어내고 있으니 고맙지 않을 수 없다.

실로 우주 자연이 나의 집이 되고 내가 우주 자연의 주인이 되면 풀 한 포기 나무 한 그루 돌 하나, 부모·형제·이웃 모두가 나를 위해 있는 소중한 존재라는 것을 알게 되니, 가는 곳마다 주인이 되지 않을 수 없고 어디를 가도 참됨 속에 있게 되는 것이다.

나아가 내가 이 세상의 주인이 되었으니 어디를 가도 부처님의 국토요 극락세계 아닌 곳이 없게 된다.

그러나 이 세상에 대한 불평불만이 내 속에 꽉 차 있으면 비록 극락에 가 있다 할지라도 그 극락은 지옥으로 변해 버린다. 그러므로 진정 극락 같은 삶을 살고자 한다면 나와 우주 자연이 하나가 되고 서로가 주인이 되는 수처작주의 삶을 살아야 한다.

남 탓 말고 주인 되어

요즘 보면 큰소리치는 사람들이 많다. '잘못되었다. 잘못되었으니 바꾸겠다'며 큰소리를 친다.
무엇을 바꿀 건가?
누구를 바꿀 건가?
모두들 하나같이 '남을 바꾸겠다'고 한다. 나 자신을 바꾸겠다는 사람은 하나도 없고 상대방만 바꾸려고 한다. 서로가 팽팽하게 마주 서서 서로를 바꾸려고 하니 어찌 싸움 외에 이루어지는 것이 있으리? 진짜로 무엇을 바꾸고자 하면 나부터 바꾸어야 한다.

또 남의 탓하기를 좋아한다. 남 때문에 잘못되고 누구 때문에 세상이 어지럽다고들 한다. 그런데 남의 탓을 하면 할수록 세상은 부정적으로 보이고 추하게 보인다. 반대로 한 가정의 일도 자기 탓으로 돌릴 줄 알 때 이 세상은 아름다워진다.

사실 자기 탓으로 돌리지 않고 누구 때문이라고 하게 되면 나는 허수아비라는 이야기밖에 되지 않는다.

모든 것은 나 때문이다. 내가 바로 서 있으면 불행과 고난이 접근하지 못한다.

참으로 행복한 삶, 멋진 삶을 살고자 하면 남의 탓을 하지 말고 내 탓으로 돌려라. 내 탓으로 돌리면 집안도 달라지고 세상도 달라진다. 가족들 각각은 집안에서 일어나는 모든 일이 내 탓이라는 사실을 잊지 말아야 하고, 내 주변에서 일어나는 모든 일들이 내 탓이라는 사실을 명심해야 한다.

내 마음이 맑아지면 세상이 맑아지고 아름다워진다. 반대로 내 마음이 썩으면 세상이 오염된다. 남의 탓하는 오염된 마음으로 살지 말고, 내 탓을 하면서 내 마음을 맑혀 가야 한다. 그리하면 내 주위의 세상부터 차츰 아름다워지는 것이다.

수처작주!

나는 이 세상의 중심이다.

나는 모든 곳의 주인이다.

그러므로 내 스스로 중심을 잡고 나를 향상하는 쪽으로 바꾸어 나가야 한다.

그리고 내가 중심을 잘 잡고 있으면 모든 것은 제 자리를 찾는다. 가는 곳마다 주인이 되어 살면 내 주변의 모든 것이 참되게 바뀌게 된다.

수처작주 입처개진! 이 말씀의 진정한 뜻은 '부처를 밖에서 구하지 말고 내 마음이 부처임을 알아라'는 것이요, 어느 곳에서나 항상 주인이 되면 어떠한 대상에도 얽매이지 않는 대해탈인·대자유인이 된다는 것이다.

부디 수처작주 입처개진의 가르침을 품고 사바세계를 무대로 삼아 멋있게 살기를 바란다.

나무수처작주입처개진.

II

마음의 조화

일체유심조

약인욕요지
若人欲了知　과거 현재 미래의 모든 부처님을
삼세일체불
三世一切佛　분명히 알고자 하는 이라면
응관법계성
應觀法界性　법계의 본성을 잘 관찰해야 한다
일체유심조
一切唯心造　마음이 모든 것을 만들었음을!

이는 80권 본 『화엄경』 제20 야마천궁게찬품에 있는 게송이다. 사찰에서는 새벽예불을 시작하는 종을 칠 때, 첫 번째로 '대방광불화엄경'이라고 한 다음 이 게송을 외우는데, 예전 스님들 중에는 이 게송을 염송하면서 도를 깨친 분이 많았다고 한다.

『화엄경』은 잡화장엄雜華莊嚴, 곧 '잡된 온갖 것들로 장엄된 경전'이라는 뜻이다. 그래서 화엄의 세계는 아름답고 추하고, 크고 작은 것들에 대해 차별을 두지 않는다.

이러한 화엄의 세계는 지극히 청정한 불보살님만이 아니라, 탁하고 악한 이 사바세계 중생의 삶까지를 모두 포함하고 있다.

잡화장엄雜華莊嚴!

꽃들 속에는 민들레도 있고 무궁화도 있고, 장미도 연꽃도 국화도 있으며, 이름을 알 수 없는 숱한 무명초들도 함께하고 있다. 그 무수한 꽃들 중에서, 많은 이들이 사랑하는 연꽃이나 장미나 모란이나 튤립 등만이 소중한 꽃인가?

아니다. 민들레도 엉겅퀴도 할미꽃도 소중하고, 이름을 알 수 없는 무명초도 다 소중하다. 이것을 깨우쳐주는 것이 잡화장엄, 곧 『화엄경』이다.

그리고 잡화들이 모여서 크나큰 빛을 발하는 곳, 그 모든 꽃들이 통일과 조화를 이루어 은은한 향기를 뿜어내는 곳이 부처님의 세계요 우리가 살고 있는 세계요, 대법계大法界임을 깨우쳐주고 있다.

이 세상의 모든 꽃들은 하나같이 열심히 살아가고 있

다. 꺾어도 자라나고 뽑아도 다시 돋아난다. 모두가 혼신의 힘을 다하여 살아간다.

그러나 그 어떤 꽃도 '나'를 강조하고 뽐내는 일은 없다. 그냥 그들 나름대로 온 힘을 기울여 생존하고 있다. 그리고 그 생명력, 혼신의 힘을 다하는 생명력으로 가득 차 있는 곳이 이 법계요 화엄의 세계이다.

진정 소중한 것은 이것이다.

그 꽃이 아름다운가, 아름답지 않은가는 문제가 되지 않는다. 부처님과 불성의 세계에서 볼 때는 온 힘을 다하고 있는 꽃들, 불타는 생명력으로 살아가고 있는 그 꽃 자체가 자랑스러울 뿐이다.

그러므로 이 화엄의 세계에서는 버릴 것이 없다. 모두가 가치가 있고 쓸모가 있고, 무엇인가를 깨우치며 완성을 향해 나아가고 있는 것이다.

이러한 화엄의 세계를 일체유심조一切唯心造라 하였다. '모든 것을 마음이 만든다'고 하였으니, 이 세상을 이루고 바꾸는 데 있어 우리의 마음이 얼마나 중요한 위치에 있는지, 그리고 우리의 삶에서 마음을 잘 쓰는 일이 얼마나 중요한지를 능히 알 수가 있다.

　우리는 '한 마음을 어떻게 가지느냐'에 따라 그에 맞는 갖가지 생각들을 일으키게 된다. 대상들을 마음으로 취합하여 분별하고 집착을 하게 되면, 그 마음으로 말을 하고 행동을 하여 업을 짓고, 마침내는 그 과보를 받게 되는 것이다. 그러므로 늘 이 마음을 조심해서 잘 가누어야 한다.

　옛날 아주 가난한 집에 아들 하나가 있었다. 제대로 먹지 못한 아들은 늘 배가 고파 울면서 지냈고, 그런 아들을 엄마는 시끄럽게 운다며 꾸짖고 때렸다.

　어느 날 그 집 앞을 지나가던 스님 한 분이 그 모습을 보고는 집 안으로 들어와서, 아이에게 정중히 예를 갖추고 삼배를 올렸다. 그러자 어리둥절해진 어머니가 물었다.

　"스님, 왜 저희 아이에게 절을 하십니까?"

　"제가 보니, 저 아이는 나중에 커서 훌륭한 정승이 될 상을 지니고 있습니다. 어찌 장래의 정승에게 절하기를 마다하겠습니까?"

'내 아들이 정승이 된다니, 장래에 정승이 된다니!'

그 길로 마음을 바꾼 어머니는 때리던 매를 내려놓고 아들을 정승 대하듯이 정중히 모셨다.

그러자 아들도 '정승이 되리라' 작정하고 열심히 공부하여 과거에 급제하였고, 마침내 지혜롭고 훌륭한 정승이 되었다.

8

이것이 바로 일체유심조이다. 우리 어머니들이 우리의 귀한 아이들을 정승 대하듯이 정중히 정성껏 키우면 정승이 되고, 머슴처럼 무시하고 마구잡이로 키우면 머슴이 된다는 것이 일체유심조이다.

내 마음가짐에 따라서 모든 것이 바뀌고 존재하게 된다는 것을 일깨워주는 일체유심조.

그런데 이 일체유심조를 '모두가 내 마음이 만드는 것이니 마음 내키는 대로 해도 된다'는 뜻으로 이해하여서는 아니 된다. '오직 마음만 요긴하고 세간의 일 따위는 하찮은 것이다' 하는 식으로 이해하여서는 아니 된다. '다른 존재가 피해를 입더라도 내 마음대로 하리라'해서는 아니 된다.

 이렇게 되면 어리석음에 빠지고 이기주의에 빠지고 깜깜한 어둠 속에 빠져들고 만다. 세상은 나의 마음처럼 보이고 나의 마음만큼 보이는 것이다.

❀

 조선왕조를 개국한 태조 이성계는 무학대사無學大師와 아주 각별한 사이였다. 어느 날 태조는 무학대사에게 뜻밖의 제안을 했다.
"오늘은 마음을 탁 터놓고 농담을 해 봅시다."
"농담이라니요?"
"어허, 탁 터놓고 농담을 하자는데 뭘 그러시오. 내가 먼저 하리다."
"하시지요."
"스님 머리는 꼭 쇠불알 같소."
"전하의 머리는 꼭 부처님 머리 같습니다."
"그게 어디 농담이오?"
"제 눈에 그리 보이는 것을 어찌하겠습니까?"

"스님의 입은 꼭 돼지주둥이 같소."

"전하의 입은 꼭 부처님 입 같습니다."

"아, 또 그러시네. 농을 하기로 하였으면 같이 어울려 주어야지, 어찌 그리도 고매하게만 말씀하시오?"

그러자 무학스님이 말하였다.

"하하하! 부처의 눈에는 모든 것이 부처로 보이고, 돼지의 눈에는 모든 것이 돼지로 보이지요."

8

'부처의 눈에는 모든 것이 부처로 보이고, 돼지의 눈에는 모든 것이 돼지로 보인다'는 말처럼, 모든 것은 나의 수준대로 보인다는 것이다. 이것 또한 일체유심조이다.

마음이 모든 것을 만들어낸다는 이 말 속에는 자신에 대한 믿음인 자신감과 자신이 이룰 수 있는 성공 가능성을 모두 포함하고 있는데, 이는 우리 모두가 가지고 있는 불성佛性의 작용을 달리 표현한 말이다.

그런데 이 마음을 이해하거나 믿는 것으로만 그친다면 실다움이 없다. 천사불여일행千思不如一行이라, '천 번 곱씹어 생각하는 것이 한 번 실행하는 것만 못할 뿐'이다.

나는 가끔 운동경기 중계를 보면서 해설자들의 말에 주의를 기울이는데, 해설자들은 기량이 빼어난 선수들의 특징으로 '극단의 순간에 가질 수 있는 여유'를 많이 꼽고 칭찬한다는 것을 느꼈다.

훌륭한 축구선수는 골을 넣는 결정적인 순간에 침착함을 잃지 않고, 훌륭한 타자는 공이 제 몸 가장 가까이 다가왔을 때를 노린다고 한다. 그리고 모든 운동이 궁극에 가서는 마음의 안정 여부에 따라 승부가 결정된다는 것이다. 그래서 세계적인 운동선수들의 훈련 프로그램에 선이나 명상을 포함시키고 있다.

우리 불자들은 나와 내 주변에서 일어나는 일을 잘 관찰해서 자신의 마음을 다스릴 줄 알아야 한다.

이 세상에서 어떤 것이 참된 것인지를 증명하기는 쉬운 일이 아니다. 그러나 분명한 것은, 바깥 환경을 바꾸기보다는 나 자신을 다스리는 편이 훨씬 쉽고 현명한 방법이라는 점이다. 모든 것은 남의 손에 있지 않고 오직 나 자신에게, 나의 마음에 달려 있다.

나무대방광불화엄경.

마음이 모든 것의 근본

심 위 법 본
心爲法本 　마음은 모든 것의 근본이 된다
심 존 심 사
心尊心使 　마음이 주가 되고 마음이 시키나니
중 심 념 악
中心念惡 　마음으로 악한 일을 생각하면
즉 언 즉 행
卽言卽行 　그 말과 행동 또한 악해지노라
죄 고 자 추
罪苦自追 　그로 인해 괴로움이 스스로 따르나니
거 력 어 철
車轢於轍 　구르는 바퀴 따라 생겨나는 자국처럼

심 위 법 본
心爲法本 　마음은 모든 것의 근본이 된다
심 존 심 사
心尊心使 　마음이 주가 되고 마음이 시키나니
중 심 념 선
中心念善 　마음으로 착한 일을 생각하면
즉 언 즉 행
卽言卽行 　그 말과 행동 또한 선해지노라
복 락 자 추
福樂自追 　그로 인해 복과 낙이 저절로 따르나니
여 영 수 형
如影隨形 　그림자가 몸을 떠나지 않는 것처럼

『법구경』 첫머리에 나오는 이 말씀대로, 나의 마음은 모든 것의 근본이 된다. 나의 마음가짐에 따라 세상은 바뀌게 된다. 내가 죄를 지어 괴롭게 사느냐, 복을 지어 즐겁게 사느냐는 나의 마음 따라 바뀐다.

그만큼 나의 마음가짐과 생각은 중요하다. 그러므로 우리는 수시로 나의 마음가짐을 점검해야 한다.

지금 내가 복 담을 마음으로 살고 있나, 화를 부를 마음으로 살고 있나? 편안한 생각을 하고 있나, 괴로운 생각을 하고 있나? 이 편안하고 괴로운 생각이 나로 인한 것인가, 다른 이로 인한 것인가? 지금의 이 즐거움과 괴로움이 막연한 것인가, 정확한 원인이 있는 것인가?

이를 잘 점검할 줄 알아야 이 무상한 세상에서 불교공부를 잘할 수 있고 잘 살아갈 수 있다.

생활 속의 불교공부. 이는 결코 어렵기만 한 것이 아니다. 모두가 '내 마음의 일'이다.

8백 년 전, 고려의 보조국사普照國師 지눌知訥 스님은 『정혜결사문定慧結社文』의 첫머리에서 말씀하셨다.

Ⅱ 마음의 조화   47

"내 들으니, '땅으로 인하여 넘어진 사람은 땅을 의지하여 일어난다'고 하였다. 그러므로 땅을 떠나 일어나려는 것은 될 수 없는 일이다. 한 마음을 미迷하여 가없는 번뇌를 일으키는 이는 중생이요, 한 마음을 깨달아 묘한 작용을 일으키는 이는 부처다. 미함과 깨달음은 다르지만 요는 모두 한 마음으로 말미암은 것이니, 마음을 떠나서 부처가 되려는 것은 될 수 없는 것이다."

그리고 신라의 원효元曉 스님은 『발심수행장發心修行章』의 첫머리에서 말씀하셨다.

부 제 불 제 불 장 엄 적 멸 궁
夫諸佛諸佛莊嚴寂滅宮
중 생 중 생 윤 회 화 택 문
衆生衆生輪廻火宅門
어 다 겁 해 사 욕 고 행
於多劫海捨欲苦行
어 무 량 세 탐 욕 불 사
於無量世貪欲不捨

대저 모든 부처님께서 적멸궁을 장엄하심은
오랜 세월 욕심을 버리고 고행을 한 때문이요
수많은 중생들이 불타는 집에서 윤회함은
한없는 세상에서 탐욕을 버리지 못한 때문일세

원효와 지눌! 이 두 분 대도인의 말씀이 무엇인가? 부처님과 중생의 갈림길이다. 무엇이 갈림길이 되었는가?
 지눌스님은 '마음'이라 하셨다. 미한 마음으로 가없는 번뇌를 일으켰기 때문에 중생이 되었고, 마음을 깨달았기 때문에 가없는 묘한 작용을 일으키는 부처가 되었다고 하셨다.
 원효스님은 부처와 중생의 갈림길을 '욕심'이라 하시고, 욕심을 버리고 고행을 한 이는 부처를 이루고, 탐욕에 빠져 사는 이는 괴로운 세상을 윤회하게 된다는 것을 깨우쳐 주셨다.

 이제 스스로에게 질문을 던져 보자. 미한 쪽에 설 것인가? 깨달음 쪽에 설 것인가? 욕심을 버리는 쪽에 설 것인가? 욕심을 채우는 쪽에 설 것인가?
 우리가 참불자라면 답이 분명할 것이요, 답이 분명하다면 그쪽으로 나아가야 한다. 뒤로 미룰 것이 아니라, 지금 이 자리에서 힘을 기울여야 한다. 그렇다. 공부는 지금, 바로 여기에서부터 시작해야 한다.
 그럼 언제까지 할 것인가? 첫 번째 목표는 욕심이 비워져 저절로 맑고 청정해질 때까지로 잡아야 한다. 청정한 땅인 청정지淸淨地에 이를 때까지 부단히 노력해야 한다.

이 노력에 대해 내가 존경하는 경봉스님께서는 순금과 보검 만들기를 예를 들어 말씀하셨다.

"우리가 크게 성공을 하고 늘 행복한 사람이 되고자 하면, 스스로를 살아있는 정신으로 살아갈 수 있게 만들어야 한다. 늘 정성을 쏟으면서 스스로를 단련하고 또 단련해야 하는 것이다.

광산에서 금광석을 캐면 그 속에는 금만 있는 것이 아니다. 은도 있고 동도 있고 철도 있고 아연도 있는데, 이 금광석을 제련하고 또 제련하여 잡된 광석들을 모두 빼버려야 24금金이 되고, 24금이 되어야 비로소 전 세계에서 통용되는 보배가 된다.

보검寶劍도 철이 있다고 하여 그냥 만들어지는 것이 아니다. 철을 불에 달구고 두드리고 물에 집어넣기를 천번 만번 반복하여, 쇠똥이 모두 빠져나가고 아무런 잡철이 나오지 않게 되어야 비로소 보검을 만들 수 있다. 또 물에 집어넣었다가 건져 낼 때의 온도가 덥지도 차지도 않아야 보검이 만들어진다고 한다.

우리의 마음에는 탐·진·치 삼독에서 비롯된 팔만 사천 가지 번뇌망상이 금에 잡철 붙어 있듯이 가득하다. 이러한 생각들이 우리의 성공을 막고 행복을 가로막는다. 그런데 스스로를 단련하여 잡철 등의 하찮은 마음이 쑥 빠져나가게 되면, 24금을 얻고 보배칼을 얻어 크게 성공을 할 수 있고 남을 지도할 수 있는 사람이 된다."

우리의 공부도 이렇게 해야 한다. 잡티 없는 청정한 자리에 이를 때까지, 욕심 없는 맑고 깨끗한 마음가짐을 이루어서 흔들림 없이 정진할 수 있는 그날까지, 차근차근 부지런히 해야 한다.

그래서 옛 스승들은 공부에 지나친 의욕을 불러일으키는 것을 오히려 경계하셨다. 지나친 의욕이 오히려 퇴보를 가져오기 때문이다.

지나친 의욕으로 한꺼번에 이루기보다는 항상 불법과 함께하는 생활을 하자. 선하고 맑은 마음으로 불법에 입각하여 생활하다 보면 공부는 저절로 이루어진다.

불교의 핵심은 **일체유심조 심위법본**이다. 한마디로 마음을 닦는 종교가 불교이다.

 이 마음은 적절한 때를 기다려서 닦는 것이 아니다. 살아 있는 동안에 순간순간마다 쉼 없이 닦아 가고 지어가야 한다. 이것이 참된 불교공부이니, 나와 가족과 이웃과 중생의 행복과 안락을 위해 열심히 기도하고 공부하기를 축원드린다.

Ⅲ

불안한 마음을 내어 놓아라

안심법문安心法門을 연 달마대사

　인생을 살면서 마음이 늘 편안하면, 어찌 이 사바세계의 삶을 괴롭다고 하리! 그렇다. 마음이 늘 편안하면 그야말로 극락이다.
　그러나 중생의 마음은 편안하지가 못하다. 늘 불안하다. 왜 늘 불안한가? 마음이 안정되어 있지 않기 때문이다. 내가 일으킨 번뇌, 내가 만들어낸 망상 속에 빠져서 허우적대면서 살기 때문이다.
　그럼 그 번뇌와 망상은 본래부터 우리가 가지고 있던 것인가? 아니다. 그 번뇌망상은 나의 집착이 만들어낸 올가미요, 그 올가미에 나 스스로가 걸려든 것일 뿐이다.

　내 마음에는 원래 번뇌도 망상도 없다. 불안도 죄업도 속박도 없다.

그 불안한 마음, 얽매인 마음, 요동치는 마음을 들여다 보아라. 과연 그것의 실체가 무엇인지를!

그 마음을 들여다보아서 원래의 마음에 그러한 것들이 본래 없다는 것을 분명히 알게 되면, 마음이 편안해지고 해탈을 얻고 행복해질 수 있다.

그 마음을 직시하라〔直指人心〕.

그 마음을 직시하면 견성하여 성불한다〔見性成佛〕.

이것이 선禪이다. 이것이 달마대사達磨大師께서 가르친 선의 핵심이요, 내 마음을 내가 편안하게 만드는 안심법문安心法門이다.

이 안심법문이 내용을 살펴보기 전에, 안심법문을 처음으로 연 달마스님에 대해 잠깐 이야기하자.

중국이 남북으로 갈라져 있던 남북조시대에 남쪽은 양梁나라의 무제武帝가 다스리고 있었다. 이때 달마스님은 석가모니불로부터 이어져 내려온 선불교를 전하기 위해 인도에서 중국으로 왔다. 무려 3년에 걸쳐서…. 그때가

520년 9월 21일이었고, 도착한 곳은 광주廣州였다.

광주 땅을 관리하던 소앙蕭昂이 무제에게 이 사실을 전하자, '불심천자佛心天子'로 칭송을 받고 있던 무제는 이 인도의 스님을 금릉金陵(지금의 남경)에서 맞이하여 극진히 환대하였다.

그리고는 첫 번째 질문을 던졌다.

"짐은 즉위한 이래 많은 절을 지었고, 경전들을 숱하게 유포하였으며, 10만에 이르는 승려를 배출하였소. 과연 이 공덕이 얼마나 되겠소이까?"

"**무공덕**無功德(공덕이 없습니다)."

'공덕이 없다'는 말에 무제는 크게 실망을 한다. 공덕의 양을 헤아리는 불사, 집착이 붙어 있는 불사는 세속적인 과보나 행복과 관련이 있을 뿐, 부처를 이루는 일과는 하등의 관련이 없다는 뜻에서 '무공덕'이라고 한 달마스님의 참뜻을 전혀 파악할 수 없었기 때문이다.

잠시 있다가 무제는 다시 물었다.

"부처님의 가르침 가운데 가장 성스러운 진리는 무엇입

니까〔如何是聖諦第一義〕?"

"텅 비어 성스러움이 없소이다〔廓然無聖〕."

황제는 거듭 물었다.

"짐과 마주하고 있는 이는 누구요〔對朕者誰〕?"

"모르오〔不識〕."

달마는 이렇게 대답하고 떠나갔다.

§

텅 비어 성스러움이 없다〔廓然無聖〕!

'확연廓然'이란 구름 한 점 없어 맑고 깨끗하고 밝은 경지이다. 실제로 텅 빈 마음은 확연하기 때문에, 아주 맑고 깨끗하고 밝기만 할 뿐, 성스러움이나 성스럽지 않음에 대한 분별이 없다.

그런데 상相에 집착하고 공덕을 따지는 이에게 부처님의 가장 성스러운 진리를 어떻게 설명할 수 있겠는가?

확연무성! 달마스님은 이 한마디로, 평생토록 성스러운 불사를 하여 불심천자로 칭송받고 있음을 자부하고 있던 무제의 착각을 일시에 깨뜨려 버린 것이다.

이에 더욱 당황한 무제는 '나와 대화를 하고 있는 당

신, 당신은 법을 아는 성스러운 분이냐'고 묻는다. 달마 스님은 한마디로 답한다.

'모르오(不識불식).'

달마의 마음을 모르면 누구도 이 말의 참뜻을 알 수가 없다. 하물며 아상我相이 가득한 무제가 어찌 이 뜻을 알겠는가?

상이 가득한 무제에게는 법을 설할 수 없음을 안 달마 스님은 양자강 건너에 있는 위나라 땅을 갔다.

❀

달마스님이 떠나간 후 무제가 왕사인 지공誌公 스님에게 이 사실을 말하자 지공이 무제에게 물었다.

"그 인도 스님이 누구인지 아십니까?"

"모르오(不識불식)."

"그분은 관세음보살이십니다. 관세음보살이 부처님의 법을 전하기 위해 일부러 온 것인데 가버렸으니, 어쩌면 좋습니까?"

"빨리 찾아가서 다시 오도록 간청을 해봅시다. 간청하면 다시 올 수도 있지 않겠소?"

당황한 무제가 재촉하자 지공은 만류를 했다.
"안 됩니다. 온 나라 사람을 다 보내어 청하여도 그분은 다시 돌아오지 않을 것입니다."

⸎

달마스님의 **불식**不識(모른다)과 무제의 **불식**不識은 그 뜻이 하늘과 땅 차이다.

그야말로 '모르는' 무제의 곁을 떠난 달마스님은 양자강을 건너 숭산嵩山의 소림사로 갔다. 그리고 그곳에서 아직까지 중국 땅의 그 누구도 '모르는' 법을 전하기 위해 온종일 침묵을 지키면서 9년 동안 벽壁만을 바라보고 앉아 있었다. 그래서 사람들은 스님을 가리켜 면벽바라문面壁婆羅門이라고 불렀다.

달마의 안심법문

　달마스님의 면벽이 9년째에 이르렀을 때, 엄동설한에 신광神光이라는 승려가 찾아왔다. 신광의 나이 40세가 되었을 때, 어떤 신인神人이 명상에 잠겨 있는 신광 앞에 나타나서 말하였다.
　"머지않아 과위果位(큰 깨달음)를 얻을 것인데, 어째서 여기에만 박혀 있느냐? 도가 먼 곳에 있지 않으니, 남쪽으로 가거라."
　이에 신광은 달마스님을 찾아가서 법을 묻고자 하였다. 그러나 달마스님은 면벽을 한 채 눈길 한번 주지 않았다.
　신광은 눈이 펄펄 쏟아져 내리는 긴 밤을 달마스님이

계신 굴 밖에서 합장을 한 채 꼬박 서 있었다. 아침이 되자 눈은 무릎까지 차올라 있었고, 그때서야 달마스님은 신광을 돌아보았다.

"무엇 때문에 밤새 눈을 맞으며 서 있었느냐?"

"자비를 베푸시어 정법의 문을 열어주십시오."

"정법을 구하려면 목숨을 던질 각오가 되어 있어야 한다. 신信(믿음)을 보여라."

그 말이 끝나기가 무섭게 신광은 한쪽 팔을 스스로 끊어 신信을 바쳤고, 달마스님은 그를 제자로 거두어들인 다음 혜가慧可라는 법명을 주었다.

법을 구하기 위해 목숨마저 기꺼이 버릴 수 있어야 함을 분명하게 보여준 혜가스님! 그때 달마스님은 혜가에게 물었다.

"너는 나에게서 무엇을 구하고 있느냐?"

"저는 마음이 편안하지 않습니다. 부디 이 불안한 마음을 편안하게 해주십시오〔我心未寧 乞師與安〕."

"그래? 그 불안한 마음을 가져오너라. 너를 편안하게 해주마〔將心來 與汝安〕."

혜가는 묵묵히 그 마음을 찾다가 말하였다.

"아무리 찾아도 그 마음을 얻을 수가 없습니다〔覓心了不可得〕."

"내 이미 너의 마음을 편안하게 해주었노라〔與汝安心竟〕. 마음이란 본래 실체가 없는 것. 불안한 그 마음도 실체가 없다. 너의 불안한 마음은 네가 만들어낸 번뇌망상이니라."

이 가르침에 크게 깨달은 혜가는 불안한 마음을 완전히 벗어버리고 편안한 원래의 마음을 되찾았으며, 중국 선종의 제2조가 되었다. 이것이 마음을 편안하게 해주는 법문인 안심법문安心法門이다.

이어지는 안심법문

2조 혜가스님이 65세가량 되었을 때(551년) 40세쯤 된 남자가 찾아와서 성명도 밝히지 않은 채 절을 하면서 물었다.

"죄업이 많아 오래전부터 깊은 병을 앓고 있습니다. 화상께서 죄를 참회시켜 주십시오〔請和尙懺罪〕."

"그 죄업을 이리 내놓아라. 내가 너의 죄업을 참회시켜 주리라〔將罪來 與汝懺〕."

남자는 묵묵히 있다가 답하였다.

"아무리 찾아도 죄를 찾을 수가 없습니다〔覓罪了不可得〕."

"죄업을 찾으려 하여도 찾을 수가 없으니, 너의 죄를

모두 참회하여 마쳤노라〔與汝懺罪竟〕. 앞으로 불·법·승 삼보에 의지하여라."

"지금 스님을 뵈오니 승보가 무엇인지를 알겠는데, 불보와 법보는 어떠한 것입니까?"
"마음이 부처요 마음이 법이다〔是心是佛 是心是法〕. 부처와 법은 둘이 없고 승보 또한 그러하다."
"제자는 오늘에야 비로소 죄의 성품이 안팎이나 중간에 있지 않고, 마음과 부처와 법이 다름없음을 알았습니다. 이젠 저의 몸과 마음이 개운하옵니다."
"너는 나의 보석이다. 승찬僧璨이라 이름하리라. 그리고 달마대사께 받은 밝은 법을 너에게 전하니 잘 지켜라."

이렇게 안심법문을 얻은 승찬스님은 선종의 제3조가 되었는데, 이분이 쓴 『신심명信心銘』은 선종 최고의 법문으로 널리 독송되고 있다.

이 3조 승찬스님의 법을 이은 이는 4조 도신道信 대사이다.

 도신이 승찬스님을 찾았을 때 그는 14세의 어린 사미였다. 도신은 예를 올리고 나이에 어울리지 않는 청을 드렸다. 매우 진지하고 간곡한 자세로….

 "화상께서는 자비를 베푸시어, 고뇌에서 해탈하는 법문을 들려주십시오〔乞汝解脫法門〕."

 "해탈解脫? 누가 너를 속박한 일이 있느냐〔誰縛汝〕?"

 "아무도 저를 속박한 사람은 없습니다〔無人縛〕."

 "그런데 어찌하여 해탈을 구하는가〔何更求解脫乎〕?"

 이 말에 도신은 큰 깨달음을 얻었다.

※

 제2조 혜가, 제3조 승찬, 제4조 도신대사는 일관된 방법 아래에서 도를 깨쳤다. 스스로의 불안하고 죄업 많고 속박된 마음을 되돌아보면서, 문득 편안함을 얻는 안심법문으로 큰 깨달음을 성취한 것이다.

 이 안심법문은 수많은 고승들이 중생을 교화할 때 이용하였는데, 특히 이를 잘 응용한 분으로는 반규선사盤珪禪師를 꼽을 수가 있다.

Ⅲ 불안한 마음을 내어 놓아라

한 젊은이가 반규선사를 찾아와서 하소연을 했다.

"스님, 저는 원래부터 성질이 급하고 거친 편인데, 화가 나면 이성을 잃고 난폭하게 행동합니다. 저는 이렇게 사는 것이 싫습니다. 제발 저의 이 못된 성질을 고쳐 주십시오."

"자네는 참으로 묘한 것을 가지고 있구나. 그래, 그 못된 성질이 어떻게 생긴 것인지 매우 궁금하니, 지금 나에게 한 번 보여주시게."

"지금 어떻게 그 성질을 보여 드릴 수 있습니까?"

"그래? 그럼 언제 보여줄 수 있는가?"

"그 성질은 저도 모르는 사이에 불쑥 치솟습니다."

"그렇다면 그 성질은 자네의 진짜 성질이 아니지 않은가? 진짜 성질이라면 언제 어디에서든지 마음대로 나타낼 수 있는 법! 이에 대해서 잘 생각해 보게."

스님의 가르침에 따라 스스로가 내뿜는 화에 대해 깊이 되돌아본 젊은이는 급하고 거칠고 툭하면 화를 내는 가짜 성질로부터 완전히 벗어나게 되었다.

안심법문의 핵심

우리 모두에게는 좋지 않은 마음들이 수시로 일어난다. 탐욕의 마음, 분노의 마음, 불안한 마음, 초조한 마음, 성급한 마음, 답답한 마음, 슬픈 마음, 들뜬 마음….

이러한 마음들이 일어날 때 그냥 그 속에 빠져서 마냥 침울하게 살아갈 것인가?

아니다. 불안하고 슬프고 욕심내고 분노하고 죄스럽고 답답하고 초조한 마음이 내 속에서 자리를 잡으려고 하거들랑, 바로 그 자리에서 그 감정의 실체를 잘 살펴서 훌렁 벗어던져 버려야 한다.

왜? 그것들 모두가 객진번뇌客塵煩惱이기 때문이다.

불안도 슬픈 마음도 탐욕도 분노도 질투도 죄의식도 실체가 분명히 있는 것이 아니다. 바깥 인연따라 잠시 나타난 것일 뿐, 우리의 마음 안에 본래부터 있던 것이 아니다. 마치 하늘의 구름이나 바다의 파도처럼….

그런데 그러한 것들에 대해 분별심을 가지고 집착을 하게 되면 스스로의 마음 안에 자리를 잡게 되고, 자리를 확실히 잡게 되면 스스로를 괴로움 속으로 빠져들게 만들어버린다.

그러므로 그 불안·죄업·속박·탐욕·분노 등을 잘 되돌아보아서 그 실체를 명확히 파악하고, 스스로가 불러일으킨 분별망상과 집착을 버리라는 것이다. 이것이 편안한 마음을 이루는 안심법문의 핵심이다.

가만히 돌이켜보라. 우리가 일으키는 온갖 생각들은 나에게 맞거나[順] 나의 뜻에 맞지 않을 때[逆] 일어나는 것일 뿐, 고유한 실체가 있는 것이 아니다.

그러므로 좋지 않은 생각들을 극복하려면 '나'의 마음대로 되고 '나'의 뜻대로 되기를 바랄 것이 아니라, 좋지 않은 그 생각들이 무엇 때문에 일어나게 되었는지를 돌아보고 자꾸자꾸 반성을 해야 한다.

'나에게 맞고 맞지 않는다는 생각을 일으켜서 마음의 평화를 잃었구나. 본래의 편안한 마음으로 돌아가자.'
'본래의 맑고 밝은 마음속에는 이런 것들이 없다. 이 모두가 내가 만들어낸 번뇌망상이다.'

이렇게 마음으로 미소를 지으면서 스스로를 반성하고 새로운 의욕을 북돋우면, 우리의 번뇌망상과 집착과 고난들이 오히려 선정력禪定力을 길러주고 깊은 평화로움과 즐거움을 누릴 수 있게 하는 거름이 된다.

이제 결론을 맺자. 우리 불자들이 절을 찾는 이유가 무엇인가? 마음을 편안하게 하고, 입지立志 곧 뜻을 잘 세우기 위해서 절을 찾는다. 뜻을 잘 세워서 행복하게 살기 위해 절을 찾고 불교를 믿는 것이다.
그럼 어떻게 하여야 안심을 이루는가? 집착을 내려놓으면 편안하고, 마음을 비우면 편안하다. 그리고 마음이 편안하면 '어떻게 살아야 되겠다'는 것이 저절로 이루어진다. 이것이 입지요 입명立命이며, 불자의 목표인 안심입명安心立命이다.

다시금, 그리고 수시로 내 마음이 편안한지 편안하지 않은지를 돌아보자. 만약 편안하지 않다면 왜 편안하지 않은지를 밝혀보자.

불안과 죄업과 나만의 자유를 추구하는 헛된 욕망과 치솟는 분노 등등, 비울 것이 있으면 비우고 내려놓을 것이 있으면 내려놓자. 그래서 내 마음도 편안하고 즐겁게, 주변 사람들도 편안하게 해주며 살자.

知足常樂　能忍自安
만족할 줄 알면 언제나 즐겁고
능히 잘 참으면 스스로 편안하다

이는 나를 아껴주셨던 석주昔珠(1909~2004) 스님께서 약 30년 전에 나에게 써 주신 글이다.

이 글 속에 마음을 편안하게 하고 우리를 잘 살게 하는 비결이 간직되어 있다. 부디 지족하고 능히 잘 참아서 안심법문을 터득하고, 안심입명安心立命과 안심해탈을 이루기를 두손 모아 축원드린다.

IV

날마다 좋은 날 [日日是好日]

새로움을 맞이하면

새로움이나 새해를 맞이하면 누구나 각오를 새롭게 한다. 새해를 예로 들어보자.

새해 첫날인 설날(元旦)에 우리 조상님들은, 한 해를 시작한다는 의미로 설빔인 옷·모자·신발 등을 새롭게 차려입고 조상님께 차례를 지낸 다음, 어른들을 찾아가서 세배를 드렸다. 그리고 친척들과 함께 모여 떡국을 먹으면서 서로를 격려하고 덕담德談을 나누었다.

요즘은 많은 이들이 해맞이를 하면서 복되고 희망찬 새해를 열고자 한다. 왜 이렇게들 하는가? 시작을 중요하게 여기기 때문이다.

우리 속담에 '첫 단추를 잘 끼워야 마지막 단추를 낄 수 있다'는 말이 있다. 또, '시작이 반'이라고 한다. 이것은 모든 사람들이 지니고 있는 시작에 대한 공통된 생각이요 당연한 자세이다.

 잠시 『숫타니파타(경집:經集)』 「사품蛇品」의 '뱀이 묵은 허물을 벗어 버리듯이'라는 부처님 말씀을 새기면서, 새로움에 대해 함께 생각해 보자.

> 물속에 들어가야 연꽃을 꺾을 수 있듯이
> 애욕을 말끔히 끊어버린 수행자는
> 이 세상도 저 세상도 모두 버린다
> 마치 뱀이 묵은 허물을 벗어버리는 것처럼

 불교에서는 고통이 가득한 현실의 이 세상을 차안此岸이라 하고, 행복이 가득한 깨달음의 저 세상을 피안彼岸이라고 한다.
 그런데 부처님께서는 '이 세상도 저 세상도 모두 버려라'고 하셨다. 아무리 좋은 세상에 대한 것일지라도 집착을 하면 고통의 씨앗이 되기 때문에 버리라고 한 것이다.

세상의 모든 것은 인과 연이 화합하여 생겨난 것들이다. 그러므로 그 실체가 없고, 실체가 없기 때문에 공空이며, 공이기 때문에 이 세상에 대해서도 저 세상에 대해서도 집착할 것이 없다.

그런데 이것을 모르는 우리는 어떻게 살고 있는가? 반드시 죽게끔 되어 있는 이 몸뚱이를 지나치게 애지중지하면서, 가족·재산·명예·권력 등에 대해 끝없이 집착을 하며 살아간다.

그러나 이 몸도 가족도 재산도 명예도 영원히 함께하는 것은 없다. 인연을 따라서 우리 앞에 잠시 나타났다가 인연이 다하면 내 곁을 떠나가고 마는 것들이다.

그래서 불교에서는 무상無常과 공空의 도리를 끊임없이 설하여, 뱀이 허물을 벗듯이 우리의 집착심을 끊을 것을 깨우치고 있는 것이다.

뱀은 몸을 옥죄이는 묵은 허물을 아까워하지 않고 훌렁 벗어버린다. 성장을 못 하게 하는 낡은 옷을 아무런 미련 없이 벗어버린다. 그래야만 더 크게 성장하고 건강을 유지할 수가 있다.

반대로 허물을 벗지 못하는 뱀은 죽고 만다.

매미의 성장 과정도 마찬가지이다. 암컷 매미가 나무껍질 같은 곳에 알을 낳으면, 1년 후 부화한 애벌레는 땅속으로 들어가서 5년 이상을 살다가, 다시 땅 위로 올라와서 나무에 매달려 번데기가 되고, 번데기의 껍질을 벗는 데는 2~6시간 정도 걸린다.

이렇게 오랜 시간을 자라서 낡은 껍질을 벗고 나서야, 비로소 매미는 날갯짓을 하며 하늘로 날아오를 수 있게 되고 노래를 부를 수 있게 된다. 이러한 매미의 허물벗기를 한문으로는 '선탈蟬脫'이라고 한다.

우리도 새로운 삶을 살고자 하면 묵은 일, 찜찜한 일, 억울했던 일, 잘못한 일, 낡은 생각 등등을 모두 털어버려야 한다. 마치 뱀이 묵은 허물을 벗어 던지고, 매미가 낡은 껍질을 벗듯이….

날마다 좋은 날 (日日是好日)

이제 새로운 삶을 살고자 하는 우리가 반성하고 벗어 버려야 할 묵은 허물에는 어떠한 것이 있는지를 되돌아 보자.

- 나는 진실한 삶을 살았는가?
- 최선을 다하며 살아왔는가?
- 혹시나 가까이에 있는 소중한 사람들을 향해 원망을 하거나 나의 잘못을 그들에게 전가하지는 않았는가?
- 나는 어머니로서 아버지로서, 직장의 한 일원으로서 진정으로 내가 해야 할 일을 잘하였는가?
- 하던 일이 쉽게 성취되지 않는다고 부처님의 정법을 의심하거나 자포자기하지는 않았는가?

각자가 나름대로 돌아볼 것이 많을 것이다. 우리는 지난 것에 대한 반성과 함께, 앞으로 맞이하게 될 앞날에 대한 마음을 잘 정립할 줄 알아야 한다.

 우리는 역사의 대전환기인 21세기에 살고 있다. 수천 년 인류 문화의 진화를 몇십 년 만에 이루어내는 21세기에 살고 있다. 그 변화의 속도가 너무나 빨라서, 적응을 하기가 힘이 들고 겁도 난다. 20세기 백 년 동안, 인간의 삶과 이 지구에 커다란 변화를 가져왔던 과학기술의 발달도 엄청났지만, 21세기 변화와 성장의 속도는 가히 상상을 초월한다.
 우리는 지금 정보화의 시대, AI 시대, 첨단지식산업 시대, 지구촌 문화가 일원화되는 시대, 인간이 파괴한 자연에 의해 공격을 당하게 될 21세기에 살고 있는 것이다.
 현대의 과학기술 문명은 끊임없이 인간의 욕망을 키운다. 그러나 욕망은 끝이 없고, 욕망을 쫓아가는 사람들은 늘 피곤할 수밖에 없다. 또 지나친 경쟁 속에서 엄청난 스트레스를 받으면서 살다 보니, 마음은 항상 무겁고 이름 모를 불안에서 허우적거린다.

과연 어느 누가 이 불안하고 산란한 상태 속에서 행복을 키울 수 있으리!

정녕 이러한 시절을 잘 살아가기 위해서는, 모든 것의 근본인 우리의 마음을 맑히고 지혜를 증장시켜서, 어디에서나 어느 때에나 주인이 되는 창조적인 사람이 되어야 한다. 일일시호일日日是好日 하는 주인공이 되어야 한다.

❀

중국 당나라 때의 대선사인 운문雲門 스님이 새해를 맞이하여 제자들에게 말씀하셨다.
"십오일十五日 이전의 일은 묻지 않겠다. 십오 일 이후에 대해 한 마디 해보아라."
제자들 모두가 답을 하지 못하자, 운문스님은 스스로 답하였다.
"날마다 좋은 날[日日是好日일일시호일]"

☙

날마다 좋은 날은 한결같이 좋은 날이다. 오늘만 잘 사는 것이 아니라, 내일도 모레도 다 잘 살아야 날마다 좋은 날이 된다.

 바꾸어 말하면 오늘을 좋게 살면 내일도 모레도 좋은 날이 되고, 날마다 좋은 날이 되면 달마다 좋은 달이 되고 해마다 좋은 해가 되며, 일평생을 잘 살았다고 말할 수 있게 된다.

 그러나 나의 집착에 빠지고 헛된 욕심을 채우는 것으로는 날마다 좋은 날을 만들 수가 없다.

 그럼 어떻게 해야 운문스님의 '날마다 좋은 날'을 만들 수 있는가?

 그것은 남에게 기쁨을 주고 중생에게 이익이 되는 삶을 살면서, 나 자신도 살려 가는 향상의 삶을 살아야 '날마다 좋은 날'을 만들 수가 있다.

 그런데 우리는 너무 막연하게 살아간다. '나'라는 아상我相과 '몇 살까지는 살 것'이라는 수자상壽者相에 집착하여, 오늘 해야 할 일을 내일로 미루고 이달에 해야 할 일을 다음 달로 미루면서 한 해를 보내고 두 해를 보내다가, 마침내 염라대왕의 업경대 앞에 서는 날을 맞이하게 된다. '마지막 오늘'을 맞이하는 것이다.

이렇게 사는 삶이 잘 사는 삶인가? 아니다. 일일시호일! 지금, 이 자리에서, 오늘 이 하루를 잘 살아야 멋진 삶을 이루어 낼 수가 있다.

'얼마나 산다고…. 그냥 살지요, 뭐!'

이렇게 생각하는 분도 있을 것이다. 그러나 지나가 버린 날은 돌아오지 않는다. 그러므로 하루하루를 성실하고 진실하게 살아가야 한다. 우리가 묵은 업장을 녹이고 윤회하는 고통의 삶에서 벗어나는 데 필요한 시간이 바로 오늘이기 때문이다.

또 내일도 잘 써야 한다. 내일이 '곧 다가올 오늘'이기 때문이다.

그러므로 오늘부터 한 생각을 돌이켜서, 가족들과 이웃과 중생들을 위해 불보살님 전에 지난날의 실수와 잘못을 참회하고 반성하면서, '나와 세상에 이익을 주는 참사람으로 살아가겠다'는 발원을 하고 실천을 해야 한다.

그래야 생을 마감하는 그 순간이 되었을 때, '아! 참 잘 살았구나. ○○○아! 그동안 수고 많았다' 하면서 당당하게 나아가고 당당하게 떠날 수 있는 것이다.

 세세생생 쌓아온 업이 너무 두텁고 무거워서 금생에 그 짐을 다 벗지는 못할지라도, 내생에 불과佛果를 이룰 바탕을 심는 생은 되어야 하지 않겠는가?

삼업청정과 삼밀수행

우물 속의 두레박처럼 오르락내리락하면서 육도六道를 윤회하게 하는 것은 나의 업장業障 때문이요, 그 고통 속에서 벗어나지 못하게 하는 것은 나의 신身·구口·의意 세 가지로 지은 삼업三業 때문이다.

우리는 늘 이 뱀의 독과도 같은 삼업을 잘 단속해야 한다. 몸단속 입단속 마음 단속을 잘하여야 한다. 그래야 '날마다 좋은 날'로 살아갈 수 있다.

"도는 멀리 있는 것이 아니다〔道不遠人〕."

「논어」 속에 있는 이 말은 도가 나의 삶 속에 있다는 것을 일깨워 주고 있다.

만약 세상을 살아가다가 참기 어려운 사람과 마주하게

된다면, 내게 인욕바라밀을 성취할 수 있는 좋은 기회가 주어졌다고 생각하면서, 상대를 역행보살逆行菩薩로 바라볼 줄 알아야 한다.

'나를 인욕보살로 다시 태어나도록 해주는 분'이라며 감사할 줄 아는 마음을 갖는다면, 그 사람이야말로 성불이 멀지 않은 참된 불자이리라.

이제 이 산승은 '일일시호일을 위해 한 가지만은 꼭 실천하자'는 청을 간곡히 드리고자 한다.

그 한 가지는 '몸과 입과 생각의 삼업을 청정하게 하겠다'는 원을 발하자는 것이다.

삼업三業을 맑게 한다는 것은 우리의 육근六根인 눈·귀·코·혀·몸·뜻을 잘 단속하는 것이다. 보고 듣고 냄새맡고 말하고 행동하고 생각하는 이 기관들을 바르게 다스리면, 삼업이 저절로 청정하여져서 바르고 지혜로운 삶을 살 수 있게 된다.

부처님께서는 '삼업을 청정하게 하면 탐욕과 분노와 어리석음의 삼독심三毒心을 계戒·정定·혜慧 삼학三學으로 바꿀 수 있게 된다'고 하셨다.

탐욕스러운 마음을 계戒로 다스리고, 성내는 마음이 본래 없음을 깨우쳐서 평화로운 정定의 상태로 돌아가게 하며, 나와 사바세계의 진실한 모습을 꿰뚫어 보는 혜慧를 이루게 되면 괴로움을 벗어나서 걸림 없는 행을 할 수 있게 된다는 것이다.

이것을 현교顯敎의 삼학三學이라고 하는데, 밀교密敎에는 몸과 말과 생각을 닦는 삼밀수행三密修行이라는 것이 있다. 삼밀수행이 현교에서 행하는 삼업수행과 근본적으로 다르지는 않으나, 단순명료해서 오히려 또렷하게 느껴지는 면이 있으니 함께 살펴보자.

삼밀三密의 첫째는 신밀身密이다. 몸으로 행하는 비밀스러운 수행으로 무드라mudra라고 한다. 좁게는 특별한 의미를 간직하고 있는 손의 모양〔手印수인〕을 가리키는데, 불보살의 수인이 저마다 다른 위신력과 깨달음을 상징하고 있는 것이 대표적인 예이다.

이것을 더 넓게 보면 요가의 체위를 의미하고, 좀 더 확

대하면 신앙 면에서는 참선이나 절, 생활면에서는 바른 자세, 건강한 육체를 위한 운동, 그리고 도덕적인 삶[계戒] 등이 모두 포함된다.

이러한 점에서 보면 똑바로 걷고 반듯하게 앉는 등의 자세 하나하나가 계행戒行임을 알 수가 있다.

두 번째는 구밀口密이다. 비밀스러운 말의 수행법으로 만트라mantra라고 하며, 우리가 즐겨 외우는 다라니·진언眞言 등이 여기에 속한다.

「금강경」에, '여래는 진리를 말하고, 참된 말을 하고, 속이는 말을 하지 않고, 한 입으로 두말을 하지 않는다'라는 구절이 나오는데, 이러한 여래의 말씀이 '진리와 함께하는 말'인 만트라(진언)이다.

불자들이 기도를 할 때나 법회에서 외는 여러 종류의 진언들에는 구업을 깨끗이 하는 공덕과 함께 마음을 맑히는 공덕이 있다.

염불 또한 진언과 같은 공덕을 지닌다. 한 걸음 더 나아가, 생활 속에서 사용하는 바른말, 고운 말, 칭찬하는 말, 격려하고 지지해 주는 말, 더 나아가 심리적인 안정을 주는 말들도 구업을 청정하게 하는 수행법임을 잊어서는 안 된다.

세 번째는 의밀意密이다. 범어로는 만다라mandala라고 하는데, 밀교에서는 만다라 수행을 통하여 마음을 닦아 간다.

'만다라'는 '부처님 세계'를 뜻한다. 불교의 본질인 깨달음의 경지, 부처가 실제로 증험한 것을 나타내는 그림, 또는 부처나 보살의 상을 모시고 예배하며 공양하는 단을 뜻하기도 한다.

또 신앙면으로는 부처님의 상호와 공덕을 생각하는 것이요, 생활면으로는 긍정적인 생각과 남을 사랑하는 마음, 이해하고 용서하는 마음과 자세, 더 나아가 부처님의 지혜로운 삶을 생각하는 것이다.

의밀의 만다라 수행은 부처님의 상호를 머리에 떠올리는 일에서부터 시작한다.

방송을 통해 티베트의 달라이라마나 밀교 수행승들이 만다라를 제작하는 과정을 보면, 모래나 치즈 가루에 갖가지 채색을 해서 며칠에 걸쳐 아름답고 신비로운 만다라를 그리는데, 온 정성을 기울여서 만든 이 만다라를 법회가 끝나면 한순간에 허물어 버린다.

만다라를 제작하는 과정을 매우 중요하게 여길 뿐, 결과에는 집착을 하지 않는 것이다.

이상의 세 가지를 통틀어 삼밀수행이라고 한다. 몸으로 부처님의 수행 자세를 취하고, 입으로 부처님의 깨달은 진리에 부합하는 진언을 읊거나 부처님의 명호를 부르고, 머릿속으로 부처님의 청정무구한 세계나 거룩한 상호를 생각하는 수행법이다.

누구든지 생활 속에서 몸으로 나와 남을 이롭게 하는 일을 하고, 입으로 진실하고 곱고 살리는 말을 하고, 마음으로 지혜로운 생각을 하게 되면, 삼밀을 모두 갖춘 올바른 불자로 살아가게 될 뿐 아니라, 일일시호일을 능히 성취할 수 있게 된다.

절대로 잊지 말라.

'나'는 우주의 중심이요, 이 우주에서 가장 중요한 존재이다. 내가 있어야 주변의 모든 것들이 존재하느니만큼, 어떠한 환경에 처하더라도 주인의식을 가지고 주인답게 살아가야 한다.

또 내가 진짜 주인인 만큼, 내가 서 있는 자리에 위선이 깃들어서는 안 되고, 깨달음으로 향하는 나의 삶이기에 진실하여야 한다.

겉과 속이 다른 삶을 살지 말자. 부처님과 십만 팔천 리나 떨어진다.

적어도 자기 자신만은 속이지 않고, 몸과 말과 생각의 삼업을 청정하게 맑히면서, 날마다 좋은 날〔日日是好日〕로 살아가는 불자가 되기를 두 손 모아 축원드린다.

나무마하반야바라밀.

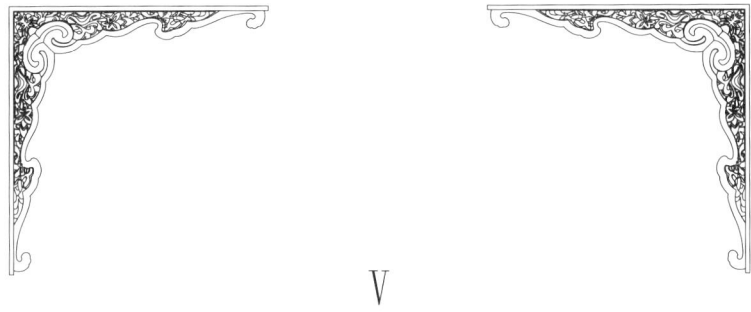

V

지극한 도는 어렵지 않네

신심信心

우리가 사는 이 인간 세상은 믿음이 없으면 살아갈 수가 없다. 아내는 남편을 믿고 남편은 아내를 믿기 때문에 가정을 이루며 살아갈 수가 있다. 부부만이 아니다. 자식과 부모, 직장 상사와 직원, 이웃과 친구 사이에도 믿음은 참으로 중요하다. 서로 간의 믿음이 없으면 모래로 집을 짓는 것이나 다를 바가 없다.

과연 인간 세상에 있어서 으뜸가는 재산은 무엇인가? 돈인가? 금인가? 부동산·보석·주식인가? 아니다. 우리에게 잠시 잠깐의 행복을 주는 이러한 것들은 으뜸가는 재산이 못 된다. 이것들을 지키고 불리기 위한 근심걱정이 '나'를 옥죄이기 때문이다.

이에 비해 믿음은 나날이 '나'를 평화롭고 굳건하게 만든다. 믿음이 있으면 그릇된 방향으로 나아가지 않는다.

시련과 고난이 오더라도 좋은 생각 좋은 말 좋은 행위들이 믿음으로부터 솟아나 모든 고난을 극복할 수 있게 하고, '나'를 향상의 길로 행복의 길로 나아가게 한다.

더욱이 믿음이 확고하면 의심이 사라지고, 의심이 사라지면 어떻게 살 것인지를 확실히 알기 때문에 꾸준히 정진을 할 수 있으며, 꾸준히 정진을 하다 보면 애착의 물 속에 빠져서 허우적거리며 흘러 내려가는 윤회의 삶을 벗어나 위없는 도를 이룰 수 있게 된다.

그럼 불자가 믿어야 할 대상은 무엇인가?
불자들에게 '무엇을 믿느냐?'고 물어보면, '부처님'이라고 대답을 하는 경우가 많다. 그러나 불교에서는 '부처님' 한 분을 믿으라고 하지 않는다.

『대승기신론』에서는 네 가지를 들고 있다.
그 첫 번째는 **진여자성**眞如自性이다. 우리의 참되고 한결같은 자성, '나'의 근본자리가 본래 청정하여 부처님의 것과 같음을 믿어야 한다는 것이다.
믿음의 두 번째 대상은 **불**佛이요, 세 번째는 **법**法이요,

네 번째는 승僧이다.
 이 셋을 우리는 세 가지 보배, 곧 삼보三寶라고 한다.

 그런데 삼보와 진여자성과는 어떤 관계에 있는가? 부처님(佛)은 진여자성을 깨달은 분이요, 법法은 원래부터 우리와 함께하고 있었던 진여자성 그 자체이며, 승僧은 진여자성을 구하는 무리들이다.

 그럼 믿을 때의 마음가짐은 어떠해야 하는가?
 직심·심심·대비심의 세 가지 마음을 갖추어야 한다.
 ① 직심直心은 곧은 마음이다. 곁눈질하지 말고 진여자성을 깨달은 부처가 될 때까지 올곧게 나아가야 한다. 나는 이 '곧게'에 '진실하게'라는 말을 더하고 싶다. 불자라면 거짓으로 자신과 이웃과 부처님을 속여서는 안 되기 때문이다.
 ② 심심深心은 깊은 마음이다. 진여자성을 회복하기 위해 일체의 선행을 깊이 있게 행하여야 한다. 나는 여기에도 '변함없이'라는 말을 덧붙이고 싶다. 한번 깊은 믿음을 가졌으면 자신에게 어떠한 불이익이 올지라도 그 마

음을 거두지 말고 꾸준하게 유지해야 한다고 보기 때문이다.

③ 대비심大悲心은 큰 자애의 마음이다. 자비는 중생의 고통을 제거해 주는 것이요, 대자비는 본래가 진여자성심을 갖추고 있다는 것을 깨닫게 해주는 것이다. 나는 이 대비심에 '한량없는'이라는 말을 덧붙이고 싶다. 그래야만 모든 중생과 함께 진여자성의 세계로 나아갈 수 있기 때문이다.

실로 있는 그대로의 참되고 한결같은 나의 마음(眞如自性心)은 이 대우주법계의 성품이므로, 직심·심심·대비심을 품으면 능히 온 우주를 다 생성시킬 수도 있고 멸하게 할 수도 있게 되는 것이다.

그런데 불교수행을 하는 이들, 특히 참선을 하는 이들이 매우 좋아하는 글에 삼조三祖 승찬僧璨 스님이 쓴 「신심명信心銘」이 있다. 이 신심명은 4언 146구 584자로 이루어진 짧은 글이지만, 신심과 선禪의 핵심을 담고 있는 명구로 널리 알려져 있다.

그럼 신심명에서의 신심信心(믿음)은 무엇인가?

이 신심(믿음)의 주체(能)는 '나'이며, 믿어야 할 것은 심心, 곧 진여자성심眞如自性心이요 여래청정심如來淸淨心이다. 여래의 청정한 마음이자 참되고 한결같은 나의 불성이 믿음의 대상인 것이다.

이렇게 믿는 '나'와 믿음의 대상인 '나의 마음'이 하나 되는 것이 신심명에서 밝힌 '신심'의 핵심이다.

그리고 신심명의 '명銘'은 쇠나 돌에 새긴다는 뜻이니, 잊지 않고 마음에 새겨야 한다는 뜻이다.

지도무난

신심명은 다음과 같은 구절로 시작된다.

至^지道^도無^무難^난	지극한 도는 어려움이 없다
唯^유嫌^혐揀^간擇^택	꺼릴 것은 오직 간택심 뿐
但^단莫^막憎^증愛^애	미워하고 사랑하지만 않으면
洞^통然^연明^명白^백	탁 트여서 밝고 또렷하도다

중국 송나라 초기에 낭야혜각琅琊慧覺 선사라는 분이 계셨다. 스님은 임제종의 정통맥을 이은 7세손으로, 그 당대를 대표하는 선사로 이름을 떨쳤다. 당시의 재상은 스님의 명성을 듣고 편지를 올렸다.

"신심명은 불교의 골수요 지극한 보배입니다. 이 신심명에 대해 자세한 주해註解를 내려주십시오."

그러자 낭야선사가 붓을 들고 써 내려갔다.

그런데 신심명의 첫 구절인 '至道無難 唯嫌揀擇 但莫憎愛 洞然明白'이 16글자만 큼지막하게 쓰고, 나머지 142구절을 조그맣게 써서 재상에게 보내주었다.

신심명의 골수는 크게 쓴 앞의 네 구절이요, 나머지 142구절은 앞의 네 구절을 풀이한 글이라는 뜻으로 이렇게 쓴 것이다.

후세 사람들은 이러한 낭야스님의 답장이 '신심명에 대한 천고의 명주해요 걸작'이라고 찬탄하였다.

§

이처럼 신심명의 첫 4구절은 핵심이요 중심이 된다. 이제 이 4구절을 조금 풀어보자.

지도무난至道無難이라. '지극한 도는 어려움이 없다'고 하였다.

지도至道는 '지극한 도'라고도 풀이하고 '도에 다다른다'고도 풀이할 수 있는데, 전통적으로 '지극한 도'라고 풀이하지, '도에 다다른다'고 풀이하지 않는다. 왜냐하면 '다다른다'고 하는 용어 속에 여기와 저기, 부처와 중생이라는 분별이 담겨 있기 때문이다.

무한히 커서 비교하거나 분별할 수도 없고 생각으로 헤아릴 수도 없는 것이 진여자성심眞如自性心이요 부처님의 도道이기 때문에 지도至道(지극한 도)라고 번역하고 있다.

그런데 이 도를 우리는 매우 어렵게 생각하고 있다. 하지만 이 진여자성심의 도는 잠시도 중생을 떠난 적이 없다. 따라서 이 도를 알고 도에 맞게 생활하는 것은 어린아이가 손을 뒤집는 것만큼이나 쉽고, 세수하다가 코를 만지는 것만큼이나 쉽다는 것이다.

이처럼 쉬운 것이 도인데도, 어떤 이는 연화보좌에 올라 일체의 목숨 있는 것들로부터 존경을 받고 귀의를 받는 부처님이 되고, 어떤 이는 벗어날 기약도 없이 육도를 윤회하면서 갖가지 고통을 받는 중생의 삶을 살아가고 있다. 왜 이렇게 된 것인가?

유혐간택唯嫌揀擇. '꺼릴 것은 오직 간택심뿐'이라는 이 구절에 답이 있다. 간택심 때문에 도를 알기도 어렵고 도를 얻기도 어려우며 생활하기도 어렵다는 것이다.

간택揀擇은 '분별하여 택한다', '분간하여 고른다'는 뜻이다. 분별하여 택하고 고르기 때문에 도를 알기가 어렵고 생활하기가 어렵다는 말씀이다.

진여자성의 도, 참되고 한결같은 도는 부처에게도 중생에게도 똑같이 있다. 그리고 중생과 부처를 구별하거나 나와 너, 내 것과 네 것을 나누고 구별하는 일과는 아무런 상관이 없다.

그런데 중생들은 어떻게 하며 살아가는가? 간택심으로 살아간다. 간택심으로 사물을 구별하여, 좋고 기꺼운 것은 가까이 두고 소유하려 한다. 반대로 나쁘고 꺼리는 것은 멀리하고 없애려 한다.

그럼 이러한 간택심을 넘어서려면 어떻게 해야 하는가? 지극한 도를 이루고 부처님같이 되려면 어찌해야 되는가?

단막증애但莫憎愛. 미움도 사랑도 않으면 된다.

간택심·분별심 때문에 사랑과 미움이 돋아나고, 거기

에서 괴로움이 생겨난다. 그래서 지극한 도와 나날이 멀어진다. 『법구경』에서는 설하고 있다.

不當趣所愛 (부당취소애)　사랑하는 사람도 두지 말고
亦莫有不愛 (역막유불애)　미워하는 사람도 두지 말라
愛之不見憂 (애지불견우)　사랑하는 이는 만나지 못해 괴롭고
不愛見亦憂 (불애견역우)　미워하는 이는 만나서 괴롭다

우리의 분별·간택과 사랑하고 미워하는 애증愛憎은 그 실체를 찾을 수가 없다. 실체를 찾을 수 없는 허상이요 망상일 뿐이다.

그럼 이 허망한 간택심·분별심·증애심을 없애려면 어떻게 해야 하는가? 없애려고, 떠나려고 노력할 것도 버릴 것도 없다. 왜? 허상이기 때문에…. 그러므로 그저 탐착貪着하는 마음만 내려놓으면 된다.

과연 그렇게 하면 어떻게 되는가?

통연명백洞然明白. 탁 트여 모든 것이 있는 그대로 나타나게 된다. 중생과 부처, 나와 너, 미움과 사랑 등이 그

롯된 마음에서 비롯된 것임을 깨닫고 탐착의 마음을 내려놓는 순간, 모든 장애가 안개 걷히듯이 사라져 내리고, 눈앞에 지도의 세상과 온전한 불국토가 펼쳐지게 된다는 것이다.

　참 간단하고도 명쾌한 말씀이다.

　금산사 주지 소임을 살고 있던 나는 1986년에 보물인 대적광전이 불에 타는 큰 아픔을 겪었다. 나는 주지직을 내려놓고 선방으로 참선을 하러 갔다. 해인사에서도 살고 통도사 극락암에서 경봉스님을 모시고 정진하였는데, 그때가 참 좋았다. '이것이 수행자의 삶이요 출가인의 본분사本分事로구나' 싶었다.

　그러나 전생에 진 빚이 많고 복이 엷은 탓인지, 그 뒤에 다시 총무원 소임을 보게 되고 금산사 복원 불사를 주관하게 되면서 정신없이 살았다. 그러다가, 금산사 본사나 조계종단의 큰일을 다 보고 난 2006년(66세)에서야 홀가분하고 흔쾌하게 백담사 무문관으로 들어갈 수 있었다.

그때 나는 신심명의 첫 4구절인 '지도무난 유혐간택 단막증애 통연명백'을 화두로 들어보리라 작정하였다. 그런데 '유혐간택'이라 하였지만, 분별망상을 여의기란 말처럼 쉽지 않다는 것을 절실히 느꼈다.

  백담사 무문관은 방문을 밖에서 걸어 잠그기 때문에 혼자서 지내야 했다. 그래서 나름대로의 정진과 휴식·운동시간 등을 정하고, 청소도 혼자 해결해야 하기 때문에 방 안 물건들을 정돈하면서 얼굴수건·발수건·걸레도 구분해 두었다.

  그때 내가 쓰게 된 방은 백담사 회주였던 무상 오현스님이 정진하시던 곳이었기 때문에 다른 스님들 방보다 크고 칸도 여럿이어서, 사중에서 내준 걸레 하나로는 감당할 수가 없었다.

  며칠 지나자 자연스레 발수건을 방 닦는 걸레로 쓰게 되었는데, 방을 훔칠 때마다 '이건 발수건이었는데' 하면서 사중에서 준 걸레와 차별하는 마음이 생겨났다. 그 또한 분별심이건만 미처 깨닫지 못하다가, 분별심인 줄을 알아차린 뒤로는 많이 사그라졌다.

무문관에서는 공양이 하루에 한 번, 사시巳時(11시)에 들어온다. 이때 식사뿐만이 아니라 대중공양 들어온 것들을 고루 나누어서 방에 넣어주는데, 주전부리하는 습習이 없는 나는 과자가 도통 당기지 않았다.

처음 몇 차례는 물리기도 하였는데, 공양한 분들이 실망할까 마음이 쓰였다. 그래서 과자를 받아두었다가 새들에게 주기로 하고 쉬는 시간에 창턱에 올려놓았다.

그때가 겨울인데도 그곳에는 텃새들이 제법 많았다. 나는 내 방 창으로 날아드는 새 가운데 자그마하고 빛깔이 고운 새가 좋아서 그놈에게 과자를 주곤 하였는데, 어느 날 험상궂게 생긴 새가 날아와서 작은 새를 쫓고 과자부스러기를 먹었다.

당연하게도 그 큰 놈은 밉살스럽고 작은 놈은 무척 가여워 보였다. 그 때문에 한동안 마음이 불편했는데, 문득 이러한 마음도 간택심이요 분별심이라는 생각이 들었다.

'큰 놈은 몸집이 크니까 많이 먹어야 할 것이고, 작은 놈은 적은 양의 모이로도 모자라지 않는다.'

그 뒤로는 큰 놈과 작은 놈이 함께 먹을 만큼 과자를 듬뿍 주었다.

그때 나는 누군가에게 '베푼다'는 것은 내게 여유가 있는 것을 그에게 주는 것이 아니라, 그에게 필요한 것을 내가 주는 것임을 알았다. 그리고 깨달았다.

"신라 의상스님은 「법성게」에서 '중생의 그릇에 맞추어서 이익을 준다(衆生隨器得利益)'고 말씀하신 것이 이러한 뜻이구나. 모든 중생의 욕구를 고루 충족시켜 정법으로 이끈다는 뜻이구나.

우리가 그렇게까지는 못 하더라도, 마음은 언제나 크게 가져야 한다. 사람만이 아니라 짐승들까지도, 자신이 좋아하는 것은 많이 가지려 하고 싫어하는 것은 버리려고 한다. 이러한 좋고 싫은 생각들을 다 버리는 것이야말로 참으로 행복해지는 길이다."

나는 이렇게 '지도무난 ~ 통연명백'의 화두를 체험하면서 한 철 수행을 잘하였었다.

뒤가 없는 마음으로 살자

살다 보면 사물에 대한 분별심·차별심·간택심을 내려놓기가 참 어렵다. 아무리 좋아하는 사람일지라도 나에게 기분 나쁜 소리를 하면 싫고, 미워하던 사람이라도 나를 칭찬하고 나를 따르면 쉽게 마음이 풀린다.

이런 분별심·간택심을 녹이려면 어머니의 마음을 가져야 한다. 어머니가 아들딸에게 하듯이 남에게 정성을 다한다면, 그것이 증애가 없는 보살의 삶이요 간택심 없는 부처님 마음이라고 할 수 있다.

곧 간택심·증애심 없이 살려면 집착이 없어야 한다. 지금 이 순간에 충실할 뿐, 뒤가 없는 마음으로 살아야 한다. 그렇게 살면 지도至道에 이를 수 있다. 아니 이미 지도 속에서 살고 있음이다.

뒤가 없는 마음.

가령 보시를 하였다면 '내가 누구에게 해주었지, 해주었는데 왜 저럴까?, 해주었으니 돌아오는 것이 있겠지' 하는 등의 집착들이 없어진 마음이다. 마치 태양과 같고 봄바람과 같고 비와 같고 공기와 같은 마음으로 살아야 한다.

태양이 온 세상을 비출 때를 생각해 보라. 태양은 높은 산과 깊은 골, 정원과 들판, 생물과 무생물을 구별하여 빛을 비추지 않는다. 마냥 빛을 뿜어 산에도 골에도, 사람·동물·나무·풀·바위·흙 할 것 없이 만물을 평등하게 비추어준다.

비 또한 마찬가지이다. 큰 나무·작은 나무, 약초·잡초, 바위·흙 가릴 것 없이 비를 내려, 모두를 씻어주고 모두가 성장할 수 있게끔 도와준다.

봄바람은 또 어떤가? 봄이 되어 봄바람이 불면 얼었던 대지가 풀리고, 나무들이 싹을 틔워 꽃을 피우고 성장을 시작한다. 봄바람의 혜택으로 만물이 소생하는 것이다. 그러나 봄바람은 집착이 없다.

'매화나무는 잘생겼으니 빨리 자라도록 해주자. 진달

래꽃은 예쁘니까 바람을 많이 주고, 개나리는 미우니까 바람을 주지 말아야지.'

이와 같은 분별이 봄바람에게 있는가? 봄바람은 꽃들을 피웠다며 자랑하지 않는다. 오직 봄바람은 바람을 주는 것으로 만족하며, 불고 지나가면 지나간 자리로 돌아오지 않는다.

공기 또한 잘난 사람에게 더 주고 못난 사람에게 적게 주는 법이 없다. 똑같이 주되, 준다는 생각도 없이 조건 없이 그냥 주고 있다.

태양·비·봄바람·공기의 사랑. 미워함도 예뻐함도 없이 마냥 베푸는 사랑. 이것이 바로 집착함이 없는 조건 없는 사랑이다.

여기에 어찌 나와 너의 분별이 있을 것이며, 증애심이 있을 것이며 간택심이 있을 것인가!

지도至道, 지극한 행복을 추구하는 우리는 증애심과 간택심을 조금씩 조금씩 내려놓은 사랑을 하며 살아가야 한다. 그리고 베푼 다음 내려놓은 사랑을 가족들에게부터 먼저 실천해야 한다. 한번 해보라. 집안 분위기가 금방 달라질 것이다.

우리가 태양이 되고 비가 되고 공기가 되고 봄바람이 되어 집안을 비춰주고 적셔주고 숨을 쉴 수 있게 하고 포근하게 만들면, 아들은 아들대로 딸은 딸대로, 남편은 남편대로 아내는 아내대로, 그 간택심·증애심 없는 사랑 속에서 각자의 그릇 따라 깨어나고 살아나고 살려가게 된다.

이것을 잊지 말고 증애가 없는 대자비, 간택하지 않는 지도의 사랑을 이웃으로 사회로 자꾸자꾸 펼쳐나가자. 우리의 다함 없는 원력을 모아서….

나무마하반야바라밀.

VI

금강경의 핵심 가르침

금강경의 위치

불교가 인도에서 중국으로 전래될 때, 부처님께서 설법하신 순서나 교리 발달의 과정에 따라 차례대로 전해진 것이 아니었다. 그래서 사람들에게 많은 혼란이 있었다.

이에 중국 천태종을 개창한 지의智顗(538~597) 대사가 '교상판석敎相判釋'이라는 이름으로 인도로부터 전래된 경전들을 불교 교리 발달의 순서에 따라 처음으로 판별하고 체계화하였다.

지의대사는 부처님의 일평생 설법을 순서상 다섯으로 나누었는데, 이를 오시교五時敎라고 한다.

① 화엄경전 : 성불하신 후 21일 동안 설법
② 아함경전 : 녹야원 등에서 12년 동안 설법
③ 방등경전 : 여러 대승경전을 8년 동안 설법

④ 반야경전 : 반야경을 22년 동안 설법
⑤ 법화열반경전 : 6년 동안 법화경을 설하고 마지막으로 열반경을 설함

이를 통하여 볼 때 부처님께서 가장 오랫동안 설한 것이 반야경 계통의 경전이다.

왜 가장 오랫동안 설하셨는가? 중생들을 깨어나게 하는 데는 이 반야의 가르침이 가장 요긴하다고 여겼기 때문이다.

부처님께서 22년 동안 설하신 반야부경전은 600권 대품반야경大品般若經(대반야바라밀경)으로 편찬되었는데, 그중에 577번째로 실려 있는 것이 금강경金剛經이다.

금강경은 반야부 경전의 핵심인 공사상空思想을 '공空'이라는 단어를 단 한 번도 사용하지 않고 명확하게 밝힌 경전으로, 우리나라 불자들 사이에서 가장 널리 읽히고 있다.

이 길지 않은 금강경은 공空을 가장 잘 해득하고 있다는 해공제일解空第一 수보리존자의 질문으로부터 시작된다.

"세존이시여, 선남자선여인들이 아뇩다라삼먁삼보리심을 발한 다음, 마땅히 어떻게 그 마음을 유지하여야 하며 어떻게 그 마음을 항복 받아야 하나이까[應云何住 云何降伏其心]?"

'불자들이 아뇩다라삼먁삼보리심! 곧 위없는 깨달음의 마음, 정말 잘 살겠다는 마음을 발하였으면 마땅히 어떻게 그 마음을 유지해야 하고, 어떻게 그 마음을 항복 받아야 합니까?'라고 한 이 질문이 금강경의 주제요, 이 질문에 대한 답이 금강경 전체의 내용이다.

과연 내가 발해야 하는 마음, 내가 유지해야 할 마음, 내가 항복 받아야 할 마음은 무엇인가?

여기에서는 이들 질문 풀어주는 금강경 사구게四句偈 등의 핵심이 되는 글귀 몇 가지를 새겨보고자 한다. '사구게'는 네 구절로 된 게송이라는 뜻이며, 핵심적인 가르침을 담고 있다는 뜻으로 쓰이기도 한다.

범소유상 개시허망

凡_범所_소有_유相_상	무릇 형상이 있는 것은
皆_개是_시虛_허妄_망	모두가 다 허망하니
若_약見_견諸_제相_상非_비相_상	형상들이 형상 아님을 보게 되면
卽_즉見_견如_여來_래	곧바로 여래를 보리라

금강경 속에는 사구게四句偈가 셋이 있는데, 이 게송은 제5 여래실견분如理實見分에 있는 게송이다.

이 사구게에서는 '무릇 형상 있는 것은 다 허망하다'고 하였다.

주위를 둘러보라. '나'를 형성하고 있는 구성요소나 내 주변에 있는 것 모두는 인因과 연緣이 모여서 이루어진 산물들이다. 모두가 고정되어 있지 않고 끊임없이 변화하다가 소멸된다. 하나 같이 영원함이 없고 알맹이가 없다.

몸은 세월의 흐름 따라 늙고 쇠약해지며, 피부는 거칠어지고 주름은 나날이 깊어져 간다. 하다못해 우리 주변의 나뭇잎까지도, 사계절 속에서 연둣빛이 진한 녹색으로, 그리고 노랗고 빨간 단풍으로 변하였다가 낙엽이 되고 만다. 시간과 공간 속에 있는 모든 것은 변화하지 않는 것이 없다.

우리는 그것들을 보면서 무상無常함을 느낀다.

그런데 '약견제상비상若見諸相非相이라', 곧 '형상들이 형상 아님을 보라'고 하였다. 모든 생명과 자연 현상과 물질 등이 영원히 머물지 않는 것임을 보게 되면 여래를 볼 수 있게 되고[卽見如來], 부처의 안목을 갖출 수 있는 지름길이 된다고 한 것이다.

이 형상을 '나의 생각'으로 바꾸어서 이야기해 보자.

'무릇 형상이 있는 것은 다 허망하다'고 한 이 말씀은, 내가 살고 있는 이 세상에서 나의 지식·상식·이론으로 알 수 있는 것이나 추측하고 생각할 수 있는 것들은 모두가 헛될 뿐 참되지가 않다는 것이다.

그러므로 나의 지식·상식·추측·생각들을 떠나고, 겉

모양과 소리·냄새 등을 떠나서 보아야 한다며 '약견제 상비상'이라고 하신 것이다.

바로 그때 우리는 무엇을 보게 되는가? 진실한 여래를 보게 된다. 내가 보고 듣고 생각하고 아는 것이 진실한 것이 아니라는 것을 체험할 때, 참된 나요 참된 부처님을 볼 수가 있다.

명예·권력·돈·사랑 등도 대입시켜 보라. 모두가 마찬가지이다.

명예가 참된 명예 아님을 보면 인생의 참모습을 본다.
권력이 참된 힘이 아님을 보게 되면 참된 권력을 얻는다.

그럼 모든 것을 허망하다고만 보아야 하는가? 아니다. 허망한 가운데에서 허망하지 않은 것이 있다.

그것이 무엇인가? 금강반야金剛般若의 마음이다. 불변의 금강, 지혜를 발하는 반야, 곧 언제나 어디에서나 지혜를 발하는 마음은 허망하지가 않다.

우리의 몸은 생로병사의 과정을 밟고 있지만 금강반야

의 마음은 그렇지가 않다.

　이 몸도, 삼라만상의 현상도 영원히 변치 않는 알맹이가 될 수 없고, 인연 따라 모였다가 흩어지는 가족과 친척들도 영원한 것일 수가 없다.

　그러나 나고 죽고, 윤회하여 새로운 몸을 받아 태어나더라도 변하지 않는 것이 있다. 변하지 않는 마음, 그것을 보면 된다. 그것이 '즉견여래'이다.

여래를 보지 못하는 사람

두 번째 사구게는 금강경 제26 법신비상분法身非相分에 있다.

약이색견아 若以色見我	만약 색신으로써 나를 보려 하거나
이음성구아 以音聲求我	음성으로써 나를 구하려 하면
시인행사도 是人行邪道	이 사람은 삿된 도를 행함이라
불능견여래 不能見如來	능히 여래를 보지 못하느니라

형체와 모습이 있는 것은 색신色身이요, 이 색신을 넘어선 것은 법신法身이다.

부처님의 참된 몸인 법신을 보고자 하는가? 그렇다면 색신을 부처로 보아서도 아니 되고 음성으로써 부처를 구하여서도 아니 된다.

부처님의 참된 몸, 진리 그 자체인 법신은 눈이나 귀나 코와 같은 인간의 좁은 인식 수단으로 알 수 있는 차원이 아니요, 형상이나 소리나 향기 등으로 나타낼 수 있는 차원이 아니다.

육근六根과 육경六境과 육식六識을 넘어선 그 경지는 오직 깨달은 사람만이 스스로 긍정할 수 있다. 비유하자면, 어떤 사람이 물을 마시고 있을 때 곁에 있는 사람이 그 물이 뜨거운지 차가운지, 맛이 쓴지 단지를 모르는 것과 같은 차원이다.

따라서 말이나 형상을 따라가지 말고 말 이전의, 형상 이전의 참된 말과 참된 모습을 찾고자 노력해야 한다. 부지런히 말과 형상을 떠난 법신에 대해 끝없이 물음표를 던지면서 찾아 들어가야 한다. 그러다 보면 어느 날 문득 참된 부처님, 곧 법신과 하나가 될 수 있게 된다.

동시에 이 게송 속에는 부처의 성품을 가진 우리 이웃을 겉모습만으로 함부로 평가해서는 안 된다는 가르침이 담겨 있기도 하다.

통도사 극락암에 주석하셨던 경봉鏡峰 스님께서는 이런 말씀을 자주 하셨다.

"부처님의 참된 법! 그 오묘한 진리는 말로써 표현할 수 있는 것도, 글로써 보여줄 수 있는 것도 아니다. 목격이도 존目擊而道存이라, 눈이 마주치는 곳에 도가 있다. 척 보면 알아야지, 설명을 듣고 아는 것은 저 문밖의 소식이다. 그뿐 아니라, 입을 열지 않거나 닫지 않는다고 하여도 진리와는 팔만사천 리나 떨어진다.

법신과 도는 일체의 이름과 모양이 뚝 떨어진 자리여서, 그 어떤 상대적인 말로 설명하려고 해도 맞지가 않다."

진리를 깨달은 사람은 '이렇다'라는 규정도 내리지 않고 '저렇다'라는 규정도 내리지 않는다. 왜 그런가? 규정을 내리면 상相에 떨어지기 때문이요, 상에 떨어지는 사람은 진리를 알지 못하고 여래를 보지 못한다. 그래서 금강경에서는 진리에 대한 우리의 그릇된 관념과 집착을 모조리 깨뜨리고 있다.

스스로를 잘 점검해 보라. 과연 지금의 나는 어떤 관념에 사로잡혀 있는지를? 나아가 그 관념과 집착을 과감히 놓아버려라. 그렇게 할 때 진리가 눈 앞에 펼쳐지고 참된 부처님을 볼 수 있게 되는 것이다.

꿈과 같은 삶 속의 일들

세 번째 사구게는 금강경 마지막 제32 응화비진품應化非眞品에 있다.

一切有爲法 (일체유위법)　　일체의 유위법은
如夢幻泡影 (여몽환포영)　　꿈·허깨비·물거품·그림자와 같고
如露亦如電 (여로역여전)　　이슬과 같고 또한 번개와 같나니
應作如是觀 (응작여시관)　　마땅히 이와 같이 관할지니라

유위법有爲法은 의도적으로 하는 것, 인위적으로 만들어진 것들이다. 우리의 삶 속에서 일어나는 일들, 우리가 의도적으로 생각하고 말하고 행동하는 일체를 포괄하는 단어이다.

'이 유위법이 꿈·허깨비·물거품·그림자·이슬·번개와

같이 허망하고 찰나적인 것이니 집착하지 말라'는 깨우침이 담긴 게송이다. 여러 스승들은 말씀하셨다.

"이 세상의 인생 세간 일은 하나의 큰 꿈이다. 꿈속의 일을 가지고 왜 울고불고하며 불평을 하고, 짜증을 내고 성깔을 부리느냐? 긴 꿈이든 짧은 꿈이든, 큰 꿈이든 작은 꿈이든 꿈은 오직 꿈일 뿐이다."

또 청나라의 순치 황제는 출가를 할 때 이런 말을 남겼다.

"인간 세상에서 백 년 산다고 해도 한밤중의 꿈과 같고, 만리강산에서 부귀공명을 누리며 산다 해도 한 판의 바둑과 같다."

어찌 인간의 삶이 꿈같기만 하리. 허깨비와 같고 물거품과 같고 그림자·이슬·번개와 같은 것이다.
왜 이러한 비유를 드셨는가?
모두가 상相을, 집착을 놓아버리라는 가르침이다.

상이 강해지고 집착이 쌓이면 불행과 아픔과 고통이 심해지지만, 상이 없어지고 집착이 사라지면 지금 이 자리에서 깨달음과 합해지고 무한 행복과 무한 영광이 찾아들게 되기 때문이다.
　불자들이 익혀서 늘 새기는 이 세 가지 사구게. 거듭거듭 외우며 자신의 상과 집착을 깨워가야 하리라.

과거심 · 현재심 · 미래심 불가득

이제까지 살펴본 세 가지 사구게 외에도 금강경에는 유명한 명구들이 가득하다.

- 응무소주이생기심應無所住而生其心 : 마땅히 머무르는 바 없이 그 마음을 내라.
- 아상我相·인상人相·중생상衆生相·수자상壽者相의 사상四相에 집착하지 말라.
- 무주상보시無住相布施(머무르는 바 없는 보시)를 행하라.
- 과거심불가득過去心不可得 현재심불가득現在心不可得 미래심불가득未來心不可得 등등

그러나 이들 모두를 설명하려면 많은 지면이 필요하므로, 여기에서는 '과거심불가득 현재심불가득 미래심불가

득'에 대한 이야기로 마무리를 짓고자 한다.

중국 당나라 때의 덕산德山(782~865) 스님은 자칭 '금강경에 도통을 한 이'로써, 금강경이야말로 부처님 가르침의 핵심이라는 확신을 가지고 있었다. 그런데 중국 남쪽에서 자리를 잡은 선종禪宗 쪽에서 '문자에 의지하지 않고 자기의 불성을 보아 부처를 이루는 것이 불법의 핵심'이라고 하자, 덕산스님은 격분을 하였다.

'내가 가서 그 마구니들을 쳐부수리라!'

작정한 스님은 금강경과 직접 지은 금강경 주석서를 짊어지고 남쪽으로 길을 떠나 여러 달 만에 풍주라는 지방에 도착하였다. 점심때가 되자 스님은 유난히 배가 고팠고, 길가에서 떡을 팔고 있는 노파가 보이자 '떡을 팔라'고 하였다. 그런데 노파가 뜬금없이 묻는 것이었다.

"떡을 사서 뭐 하시려오?"
"점심 공양을 하려고요."
"스님, 등에 짊어진 게 뭡니까?"

"내가 평생을 연구한 금강경과 그 주석서들이오."

"그럼 제가 금강경 속에 있는 구절에 대해 질문을 할 테니, 스님께서 답을 하시오. 답을 잘하면 떡을 그냥 드리리다."

"좋소. 물어보시구려."

"금강경 가운데 '과거심도 불가득이요 현재심도 불가득이며 미래심도 불가득이라'고 하는 구절이 나옵니다. 방금 전에 스님께서 '점심點心'이라 하셨는데, 과연 어느 마음에 점을 찍으시렵니까?"

순간 말문이 꽉 막힌 덕산스님은 대답을 못 하고 쩔쩔매다가 노파의 인도로 숭신崇信 선사를 찾아가서 가르침을 받고 대오를 하였다.

⁂

과거심불가득過去心不可得 현재심불가득現在心不可得 미래심불가득未來心不可得!

과거는 이미 흘러갔고 현재는 잠시도 머물지 않고 미래는 아직 오지 않았는데, 무엇을 어떻게 잡을 수 있으랴? 그리고 어느 마음에 점을 찍고 어느 마음을 잡아 '내 마음'이라고 할 것인가?

'지금 여기〔卽今〕'라는 말이 있다. 그런데 '지금'은 시간을 초월한 것이고, '여기'는 공간에 구애되지 않는 것이다. 그러므로 지금 내가 하는 일에 최선을 다하는 삶이 중요하다.

「벽암록」에서도 말하고 있다.

"어제는 지나간 오늘이요, 내일은 다가오는 오늘이다. 오늘 자기가 하는 일에 최선을 다하는 삶이 가장 아름다운 삶이다."

과거라고 하는 것은 지나가 버렸고, 현재라 해도 바로 과거가 되어 버리고, 미래는 아직 오지 않았으니 있는 것이 아니다. 언제나 지금 이 시간이 가장 중요하다.

그런데 우리는 참으로 묘하게 살아가고 있다.

이미 흘러갔고 지나가 버린 일들을 흘려보내기는커녕 지금 여기에서 꼭 잡고 '밉다·곱다·나쁘다·괘씸하다'고 아우성을 친다.

그리고 아직 오지도 않은 미래를 미리 가져와서, '어떻게 될 것이니 이렇게 대책을 강구해야 한다'며 소리를 친다. 지금 이 자리의 현재도 잡을 수가 없는데, 과거와 미래까지 지금 여기로 불러들여서 아우성을 치고 있으니, 어떻게 시끄럽지 않을 것이며 괴롭지 않을 수 있겠는가?

내가 생활신조로 삼고 있는 것은 진실과 성실이다. 스스로 말하기가 좀 멋쩍지만, 포교원장 소임을 보면서 바쁜 가운데서도 열심히 살았더니, 다섯 해 소임 기간에 대한 평가가 긍정적으로 나왔다. 새삼스레 이 말을 하는 까닭은, 그 5년 동안 나 스스로가 세운 원칙 속에서 열심히 살았기 때문에 그런 결과를 낼 수 있었다는 점을 말하기 위함이다.

이처럼 나는, 우리들 각자에게 주어진 일에 최선을 다하는 진실한 삶과 성실한 삶이 가장 중요하다고 생각한다.

이것을 다른 말로 하면 정진精進이다. 부지런하고도 꾸준하게, 마치 낙숫물이 단단한 돌을 뚫듯이 사는 모습이 바로 정진의 참모습이다.

머물게 할 수도 잡을 수도 없는 과거심·현재심·미래

심! 과연 무엇에 집착하며 살 것인가?

금강경 사구게들을 새기면서 상相을 떠나고, 과거에 매달리지도 미래에 빠지지도 않으면서 마냥 성실하게 살아가는 무주無住의 삶을 살면, 법계의 평화와 행복과 영광은 저절로 '나'에게 찾아들게 되리라.

나무금강반야바라밀경.

VII

걸림 없는 삶, 기도로 열자

마음을 허공처럼 맑게 하라

若有欲知佛境界 약유욕지불경계	부처님의 경지를 알고자 하거든
當淨其意如虛空 당정기의여허공	그 마음을 허공처럼 맑게 하라
遠離妄想及諸趣 원리망상급제취	망상과 집착들을 멀리 떠나면
令心所向皆無碍 영심소향개무애	어디로 마음이 향하든 걸림이 없노라

이 게송은 『화엄경』 제37 여래출현품如來出現品에 나오는 유명한 구절로, '여래출현'이란 '부처님이 나타나셨다'가 아니라, '내가 본래 부처요 내 안에서 여래가 출현한다'라는 뜻이다.

내가 본래 부처이기 때문에, 여래의 지혜가 모든 중생에게 이미 갖추어져 있다. 그러므로 여래를 밖에서 찾을 필요가 없다는 가르침을 담고 있다.

부처가 되신 석가모니께는 중생들 모두에게 참되고 한

결같은 진여(眞如) 본성이 갖추어져 있다는 것이 분명하게 보였다. 그런데도 중생들은 그 소중한 보배를 가지고 있다는 것을 알지도 못하고 보지도 못한 채 고통의 바다(苦海) 속을 헤매고 있었다.

무엇 때문에 알지도 보지도 못하는 것인가?

스스로가 불러일으킨 무명(無明)의 바람과 번뇌망상 때문이었다. 더군다나 번뇌 속에서 오욕락(五欲樂)을 탐닉하여 더 깊은 수렁으로 빠져들어 가고 있었다. 이 얼마나 안타까운 일인가!

그래서 곧바로 열반에 들지 않고, 중생들로 하여금 본래의 진여한 자리를 회복하여, 한없이 편안하고 즐겁고 이로운 삶을 살게 하겠다는 원을 세웠다.

그러나 중생들의 타고난 근기와 업장은 천차만별. 그래서 중생의 그릇에 맞추어 만 가지 법의 비(法雨)를 내려서 부처가 되는 한 길(一道)을 열어주셨다.

이제 이 게송을 한 구절씩 다시 풀어보자.

부처의 경계를 알고자 하거든[若有欲知佛境界]

출가와 재가를 가릴 것 없이 불자의 최종 목표는 괴로

운 중생의 삶을 넘어서서 부처를 이루는 데 있다. 그래서 불자들은 부처님 생각과 가르침을 닮고자 하면서 살아간다. 그리고 부처님의 원만한 상호를 바라보면서 현실적인 고난을 극복할 수 있도록 은근한 가피를 내려주시기를 염원한다.

고난 극복과 함께 부처가 되기 위해 힘을 다해 기도하고 정진하는 것이다.

그런데 어떻게 해야 부처의 경지를 알 수 있는지?

어떻게 해야 부처님의 참된 모습을 볼 수 있는지?

어떻게 해야 부처님의 깨달은 바를 체득할 수 있는지?

'어떻게 해야' 하는지를 일러주기 위해 두 번째 구절을 설하신다.

그 마음을 허공처럼 맑게 하라 [當淨其意如虛空]

'마음을 허공처럼 텅 비워서 깨끗하게 하라'는 것인데, 이는 과거 일곱 부처님께서 공통되게 설하신 칠불통계게 七佛通戒偈의 '스스로 그 마음을 깨끗이 하라 [自淨其意]'에 '허공처럼 [如虛空]'을 더한 것이다.

'그 마음 [其意]'! 불교에서는 그 마음을 늘 문제로 삼는다. '그 마음을 잘 쓰라〔善用其心선용기심〕' 하고, '머무는 바 없이 그 마음을 내라〔應無所住응무소주 而生其心이생기심〕'고 한다. 과연 '그 마음'이 무엇인가?

그 마음은 한 마음〔一心일심〕이라고도 하고 본심本心이라고도 하며, 불심佛心·청정심淸淨心·무심無心·공심空心이라고 하는데, 이름만 다를 뿐 뜻은 다르지가 않다. 곧 허공처럼 텅 빈 마음이다.

허공은 본래 텅 비어 있다. 언제나 텅 비어 있다. 구름이 잔뜩 일어나고 몰려올지라도 지나가면 그뿐이다.

이 허공과 같은 우리의 마음에서는 분별과 선악善惡과 득실得失을 따지는 망상의 구름이 끊임없이 일어난다. 곧 '이것이 나에게 득이 될까?', '저것을 갖고 싶은데 방법이 없을까?' 하는 등의 생각들이 끊이지를 않는 것이다.

하지만 그 마음이 허공처럼 맑지 못한 동안에는 부처님의 경지, 부처님의 참모습, 부처님의 깨달은 바를 알 수도 없고 이룰 수도 없다.

망상과 집착들을 멀리 떠나면〔遠離妄想及諸趣원리망상급제취〕

그럼 허공처럼 텅 빈 마음이 되려면 어떻게 해야 하는

가? 망상의 구름과 집착심으로 분별하여 취하고 버리고 선택하는 행위들을 멀리 떠나야 한다.

나의 마음에서 일어나는 너와 나, 이것과 저것, 좋다·싫다 등의 생각들을 꿰뚫어 보라. 이것들은 나의 주관적인 생각일 뿐, 있는 그대로의 모습이 아니다.

그런데도 이 분별망상을 바탕으로 삼아서 취하고 버리고 좋아하고 미워한다면, 그리고 그와 같은 생각대로 행동을 한다면, '나'의 삶은 정말 알맹이가 없는 허망된 것이 되고 만다.

우리의 마음에서 밝지 못한 무명업식無明業識의 한 생각이 일어나게 되면, 그 생각이 밖으로 흘러가서 대상을 알아보고(식별) 분별하고 집착하고 취하여 업을 쌓기에 이르며, 마침내 과보를 받게 된다. 이것을 자세하게 설명한 것이 십이인연법이다.

무명업식의 마음에서 홀연히 한 생각이 일어나면 그 생각에 망상과 집착이 생겨나게 되고, 망상과 집착에 빠져서 거친 말과 다스리기 힘든 행동들을 하여 스스로를 부자유스럽게 만들어버리는 것이다.

그런데 허공처럼 맑은 청정심에서 일어나는 한 생각과 번뇌망상들은 아주 미세하고 불현듯이 일어나기 때문에 보통의 정신작용으로는 알아차리기가 쉽지 않다. 수행을 통하여 역으로 거슬러 올라가거나, 깊은 선정에 들어가야만 그 뿌리를 없앨 수가 있다.

동시에 부처의 경지를 알고자 하면 무명업식에 의해 생겨난 망상과 집착을 멈추고, 망상과 분별과 집착 속에서 내뱉는 말과 행동들을 멈추어야 한다. 그래야 마음이 허공처럼 맑아진다.

어디로 마음이 향하든 걸림이 없다〔令心所向皆無碍〕

마음이 허공처럼 맑아지면 마음 가는 곳이 어디가 되었든 막힘이 없고 자유롭게 된다. 내 마음이 허공처럼 맑고 시원하니 천지사방 어느 곳에 머물든지, 그 무엇과 마주하든지 편안할 뿐이다. 또 모든 것이 내 안에서 안락해진다.

무명망상만 떠나보라. 마음이 허공처럼 맑아져서 무엇을 하든 어긋남이 없고 뜻과 같이 이루어진다. 이를 여의如意라고 한다. 그리고 분별망상과 집착심만 떠나면 부처의 경지로 나아갈 수가 있다.

하지만 가만히 있는데 부처가 저절로 되지는 않는다. 중생심을 불심으로 변환시키고자 애를 쓰지 않으면 영원히 중생에 머물고 만다. 그럼 어떻게, 무엇을 해야 하는가?

망념이 일어나면 그것이 일어난 줄을 즉시 알아차려야 한다. 알아차리면 망념은 곧 사라진다.

분노가 일어나면 화가 나 있음을 자각한 다음, 내 분노심이 어디에서 비롯되었는지를 돌아보아야 한다. 그렇게 하면 그 화가 욕심이나 어리석음에서 온 것임을 알게 된다. 또 그 욕심과 어리석음들이 실체가 없는 헛된 것임을 알게 된다.

그와 같이 기쁨이 오든 슬픔이 일든, 내 마음의 움직임을 알아차릴 수 있어야 한다. 이 '알아차림'이 결코 만만한 일은 아니지만, 일상에서 꾸준히 애를 쓰다 보면 내 마음을 능히 컨트롤할 수 있게 된다.

그리고 마음이 어둡고 업장이 너무 두터운 사람이라면 참회懺悔와 염불 등의 기도로 수행을 삼으면 좋고, 기상이 하늘을 찌르는 대장부라면 참선수행으로 한판승부를 펼쳐보는 것도 좋을 것이다.

기도하고 참회하자

나는 우리 불자들이 생활 속에서 할 수 있는 최상의 수행법이 기도라고 생각한다. 그래서 지금, 기도의 방법에 대해 잠깐 이야기하고자 한다.

불보살님의 가피를 바라는 기도를 할 때, 마음을 오롯이 하지 않으면 잘 되지가 않는다. 그런데 자신의 기도를 자신이 듣고 알아차릴 때. 기도는 크게 영험해진다. 마음을 오롯이 하여 기도를 하면 모든 것이 바뀌기 시작하는 것이다.

『예불법경禮佛法經』에 마음을 오롯이 하는 기도의 여덟 가지 방법을 밝혀 놓았는데, 이를 함께 살펴보자.

첫 번째는 공양供養을 올려야 한다.

공양을 올리는 것은 불보살님께 공경하는 마음을 표현하는 것과 동시에, 우리 마음에서 인색함을 없애주는 공덕이 있다.

대승불교에서는 중생에게 공양하는 것을 부처님께 공양을 올리는 것만큼이나 중요하게 여긴다. 그러므로 삶 속에서 이웃의 어려움을 외면하지 않고 틈을 내어 봉사하며, 힘겨운 이에게 용기를 주고 외로운 이에게 정을 나누어 주어야 한다.

이러한 중생공양衆生供養은 부처님께 올리는 제불공양諸佛供養보다 훨씬 더 큰 과보를 가져온다고 한다.

그리고 가장 으뜸가는 공덕을 이루는 공양은 법보시法布施이다. 내가 청정하게 수행하고 배워 익힌 법을 다른 사람에게 전해 주거나, 불경·불서 등을 선물하는 것이 가장 수승한 공양이라는 것이다.

왜? 법을 일러주는 것이야말로 다른 사람을 행복의 길로 바로 이끌어주는 일이기 때문이다.

두 번째는 찬탄讚歎이다.
우리는 불보살님을 향한 찬탄을 넘어서서, 가족과 이

웃과 중생들에 대해 찬탄을 할 줄 알아야 한다.

불보살님과 남을 찬탄하게 되면 악업이 사라지고 말의 장애가 사라진다. 비록 말재주는 없을지라도 남을 설득할 수 있는 진실한 말의 힘이 생겨나고, 그의 입으로 불법을 말하면 걸림 없는 감응이 있게 된다.

불자의 찬탄은 자신의 이익을 꾀하는 능수능란한 '말재주'가 아니라, 진실과 법을 바탕으로 한 '말솜씨'이다.

남을 칭찬하거나 다정한 말을 하면 그 말을 하는 사람의 몸에 좋은 영향을 미친다. 또 가족과 이웃들로부터 찬탄과 격려를 받고 자란 사람은 성장해서 좋은 가정을 누리게 된다.

그러나 비난과 폭력을 경험한 사람은 가정을 이룬 다음에, 자신이 어려서 겪은 비난과 폭력을 되풀이하는 경우가 많다고 한다.

이것이 무엇인가? 윤회이고 업보이다. 자신이 어려운 가정환경에서 비난과 고통을 겪으면서 자라면 결국 나쁜 업으로 이어질 가능성이 높기 때문에, 참회 등의 기도를 통하여 그 악업을 끊으면서 칭찬과 다정한 말을 쓰고자 노력해야 한다.

세 번째는 예배禮拜이다.

　생활 속에서 이러한 공양과 찬탄을 한 다음, 불보살님의 지혜와 자비를 생각하면서 지극한 마음으로 예경을 하면, 교만심이 없어지고 남을 경멸하는 자만심이 사라지며, 존귀한 몸을 이루게 된다.

　우리는 불자이니만큼, 늘 자비롭게 우리를 보살피는 부처님께 마땅히 예경을 올려야 한다. 자꾸 절하고 부지런히 불보살님을 찾다가 보면 그 자비 속에서 만사가 쉽게 이루어지고, 가족과 이웃들을 부처님처럼 우러러보게 된다.

　그리고 즐겨 절을 하다 보면 자신의 마음을 조복하여 누구에게나 공손하게 대하고 칭찬하는 자신의 모습을 발견할 수 있게 되는 것이다.

　당부드리건대, 오분향예불만이라도 꼭 하도록 하자. 하는 사람과 안 하는 사람은 천양지차이니….

　네 번째는 기도의 핵심인 참회懺悔이다.

　이 탁하고 악한 사바세계를 살다 보면 죄업을 짓지 않을 수가 없다. 무심코 던진 말들이나 작은 행동들이 나쁜 과보를 가져오는 경우가 적지 않다. 더욱이 현세에서 지은 나쁜 업이 적다고 할지라도, 세세생생토록 알게 모르게 쌓아온 죄업은 결코 가볍다고 할 수가 없다.

그러므로 불보살님전에 참회하면서 자신에게 생겨난 허물들을 늘 살필 줄 알아야 한다.

공자의 제자인 증자曾子는 남의 일을 정성을 다해 도와주었는지, 친구에게 미덥지 않은 행동을 하지 않았는지, 스승의 가르침을 잘 습득했는지의 세 가지를 매일 돌아보았다고 한다.

성공과 행복은 자신에 대한 철저한 성찰과 검증에서 비롯된다. 누구든지 아상我相이 높거나 어리석거나 용기와 기상이 적으면 성공과 행복이 점점 멀어진다. 그때 **참회를 하면 성공과 행복의 기운이 샘솟는다.**

참회는 불보살님께 무엇을 요구하고 부탁하는 것이 아니라 지난날에 저지른 잘못을 뉘우치면서, '잘못했습니다. 앞으로는 이렇게 하겠습니다' 하면서 약속을 하는 것이다.

이렇게 잘못을 뉘우치고 다짐하는 참회는 우리를 발전

시키고 성공과 행복의 길로 나아가게 하는 원동력이 된다. 뿐만이 아니다.

진정한 참회는 자신의 청정심을 찾겠다는 자기 다짐이므로, 우리의 마음을 맑게 하고 성스러운 길로 나아가게 한다.

참회를 하여 업을 녹이고, 어리석은 견해에서 벗어나 몸과 마음을 청정하게 만들면, 자신이 처한 환경이 향상되어 만족스러운 감응을 입게 된다.

다만 참회하는 정도가 지나쳐서, 자신을 학대하는 것은 주의를 해야 한다.

참회를 잘하였으면 불보살님 전에 ⑤ **권청勸請**과 ⑥ **수희隨喜**와 ⑦ **회향廻向**과 ⑧ **발원發願**을 하고 기도를 마무리해야 한다.

다섯 번째 **권청勸請**은 부처님께 법문 듣기를 청하는 것이다. 그런데 요즘은, 불법을 공부하다가 의문 나는 것이 생길 때 눈 밝은 이나 스승께 해답을 청하거나, 법회에 참석하여 온 마음을 기울여서 귀한 법문을 듣고 새긴다는 등의 뜻으로 널리 쓰이고 있다.

불보살님이 설한 경론을 공부하고 선지식의 법문을 자주 들으면 삿된 견해가 사라지고 지혜가 저절로 생겨나거늘, 어찌 권청을 하지 않을 것인가?

여섯 번째 **수희**隨喜는 불보살님의 무한공덕과 중생들의 선행을 따라서 기뻐하는 것이다. 불보살님의 공덕과 중생의 선행을 따라서 기뻐하다 보면 마음속의 질투심이 사라지고, 질투심이 사라지면 '나'의 주변으로 많이 사람이 모여들어서 아름다운 집단을 이루게 된다.

일곱 번째 **회향**廻向은 지금 참회한 공덕과 자신이 한량없는 세월 동안 닦은 선행의 공덕, 불교를 찬탄하고 공양한 공덕 등을 중생들에게 되돌려 보내는 것이다.
이렇게 회향을 하면 좁고 열등한 마음[狹劣心, 협렬심]을 제거하여 광대한 선행을 이루게 된다. 왜? 회향이 나 속의 것을 비워서 새로운 것을 고이게 하는 힘이자, 타고 남은 재 속의 불씨를 되살리게 하는 원동력이기 때문이다.
세속의 법은 채워가는 것이요, 부처님의 법은 비워가는

것이다. 또 마지막까지 다 비운 분은 부처님이다. 회향하여 텅 비우면 모든 것을 품어 안을 수 있다.

여덟 번째 **발원**發願은 부처님을 닮고자 하는 마음이다.
우리도 부처님처럼 중생을 구제하고, 번뇌를 여의고, 불법을 배워서, 마침내 부처가 되고 말겠다는 큰 서원을 품어야 한다. 그래서 불자들은 법회 때마다 사홍서원을 외운다.
물론 이러한 발원을 꾸준히 품고 나아가게 되면, 이기적인 욕심을 물리쳐서 보다 빨리 수행을 성취할 수 있게 이끌어준다.
중생은 업으로 태어나고(業生) 보살은 원력으로 태어난다(願生). 또 중생의 소망은 욕심을 근본으로 삼고 보살의 소망은 자비심을 근본으로 삼는다. 과연 앞으로 우리는 어떻게 태어날 것이며, 어떤 소망을 품고 살아갈 것인가?

이 산승은, 꼭 여덟 가지를 다 갖춘 기도를 하라는 것이 아니다. 참회를 중심에 두고 스스로가 부족하다고 느끼는 것들을 택하여 실천하기를 청하여 본다.

동시에 기도와 함께 스스로를 돌아보고 반성하고 혁신하여, 허공처럼 청정한 마음으로 복되고 걸림 없는 삶을 열어가기를 깊이깊이 축원드린다.

Ⅷ

염불 수행의 길

아미타불과 함께하면

불교의 신앙에는 여러 가지가 있다. 아미타불을 찾는 극락정토신앙을 필두로 하여, 관음신앙·약사신앙·지장신앙·신중신앙 등등의 여러 가지의 신앙들이 있으며, 그 밑바닥에는 현세 구복의 염원이 깔려 있다. 우리 가족이 건강하고 편안하며, 아이들이 공부 잘하고 훌륭하게 자라도록 해달라고 비는 것이다.

그런데 이러한 마음을 '욕심'이라고 할 수는 없다. 어머니들이 장독대에 정화수 한 그릇 올려놓고 비는 비손의 모습이야말로, 참으로 오랜 세월을 면면히 이어져 오고 있는 우리 민족의 소박하고도 지극한 마음이라 하지 않을 수 없다.

그럼 이런 소원을 이루어지게 하는 지름길은 무엇인가? 그것은 바로 선용기심善用其心으로 염불하는 것이다.

마음 하나 잘 쓰면서 염불하는 것이요, 염불기도와 함께 선을 베푸는 것이다.

　여기에서는 여러 불교신앙 중에서 아미타불을 찾는 미타신앙을 중심에 두고 살펴 보고자 한다.

願我盡生無別念 _{원아진생무별념}	원하오니	평생토록	다른생각 하지않고
阿彌陀佛獨相隨 _{아미타불독상수}	오직나와	아미타불	함께서로 따르기에
心心常係玉毫光 _{심심상계옥호광}	마음속은	부처님의	옥호광명 가득하고
念念不離金色相 _{염념불리금색상}	생각마다	금색상호	떠나지를 않나이다
我執念珠法界觀 _{아집염주법계관}	제가지금	염주잡고	온법계를 관하고자
虛空爲繩無不貫 _{허공위승무불관}	허공으로	끈삼으니	꿰지못함 있으리까
平等舍那無何處 _{평등사나무하처}	평등하신	노사나불	아니계신 곳없기에
觀求西方阿彌陀 _{관구서방아미타}	서방세계	아미타불	관하옵고 구합니다
南無西方大敎主 _{나무서방대교주}	서방세계	대교주께	정성다해 귀의하니
無量壽如來佛 _{무량수여래불}	한량없는	수명갖춘	무량수불 여래로다

　산사의 새벽은 도량석道場釋을 하면서 깨어나고, 도량석이 끝나면 법당 안에 있는 작은 종을 치면서 게송을 외운다〔鍾頌〕. 그것이 바로 앞의 게송이니, 하루를 여는

Ⅷ 염불 수행의 길　149

첫 번째 노래가 아미타불에 대한 것인 셈이다.

누구나가 다 알고 있듯이, '나무아미타불' 염불念佛은 서방 극락세계에 계시는 아미타불을 마음에 새기는 수행법이요 기도법이다. 이제 이 게송을 풀이하면서 염불 수행에 대해 함께 공부하여 보자.

'원하오니 평생토록 다른 생각 하지 않고, 오직 나와 아미타불이 함께 따른다'고 한 것은, 굳건한 마음[定心_{정심}]으로 흔들림 없이 '나무아미타불'을 염송한다는 뜻이다.

이러한 염불이 되게 하기 위해서는 세 가지 마음을 갖추어야 한다.

① 의심하거나 잡되지 않은 순수한 마음인 **순심**淳心,
② 마음을 한 곳에 오롯이 쏟아붓는 **결정심**決定心,
③ 두텁고 진실한 믿음이 끊임없이 이어지는 **상속심**相續心이 그것이다.

이러한 마음으로 '나무아미타불'을 염하면 아미타불의 가피를 입어 극락세계에 태어날 수가 있다.

그런데 사람들은 '내가' 나무아미타불을 열심히 염불하면 내생에 극락세계에 태어날 것이라고 생각한다. 그러나 아미타불께서 극락국토에 태어날 중생을 불러들이는 것이지, 중생인 나의 힘만으로는 극락세계로 갈 수가 없다.

곧 내가 일념으로 아미타불을 찾으면 나의 힘이 아니라, 아미타불의 본원력本願力에 의해 극락에 왕생하게 된다는 것이 미타정토신앙의 골격을 이루고 있다.

게송에서 '서로 따른다(相隨)'고 한 것은 중생과 아미타불이 함께 움직인다는 말이다. 중생이 일념으로 아미타불을 염하게 되면, 중생을 극락세계로 인도하는 아미타불도 동시에 움직인다.

이는 줄탁동시啐啄同時이다. 병아리가 알에서 깨어날 때 어미 닭은 밖에서, 병아리는 안에서 동시에 쪼는 것처럼, 중생과 아미타불이 동시에 움직이는 것이다.

'염불하는 마음은 옥호광명으로 가득하고, 생각마다 금빛 부처님 모습이 떠나지 않는다'는 것은 번뇌망상 없이 염불을 하여 아미타불을 떠나지 않음을 나타내고 있다.

 그런데 입으로만 '나무아미타불'을 부르면 집중이 쉽지가 않다. 입만이 아니라 몸과 마음을 다해 집중을 할 때 최상의 과보를 얻을 수가 있다.

 장엄한 극락정토와 아미타불을 마음으로 관하고, '나무아미타불'을 입으로 염송하고, 몸가짐을 바르게 갖출 때 게송과 같은 현상이 나타나게 된다.

 '제가 염주를 쥐고 법계를 관하고자 허공을 끈으로 삼으니 꿰지 못함이 없다'고 한 것은 온 우주법계를 다 본다는 뜻이다.

 여기서의 중요한 단어는 '법계관法界觀'이다. 화엄경과 관련이 있는 이 법계관은 매우 심오하다.

 '법法'은 진리(理)이고, '계界'는 서로가 진리를 구현하는 제각각의 세계(事)이며, '법계관'은 이러한 진리의 세계를 깨달아 가는 관법이다.

 그럼 무엇을 관하는가? 모든 것이 진실로 공함을 관하고(眞空觀), 진리와 현상이 따로 존재하면서도 서로 걸림이 없음을 관하고(理事無礙觀), 하나하나의 개체와 온 우주가 서로 포용하면서 존재함을 관하고〔周邊含容觀〕, 각 현상과 현상들이 서로 장애 없고 걸림 없이 화합하고 있음을 관하는〔事事無礙觀〕 것이다.

이 게송 구절에는 형상 없는 허공을 끈으로 삼은 나의 염불로써 부처님의 법계들을 관한다는 의미가 담겨 있다.

'평등하신 노사나불이 어느 곳에나 계시지만, 오로지 서방정토의 아미타불을 관하여 구하고자 한다'고 하였다.

부처가 존재하는 것은 중생을 제도하려는 원력이 있기 때문이요, 중생은 그 위대한 원력에 힘입어 구원을 받고 깨달음을 얻을 수가 있다.

그럼 이 부처님은 어디에 계시는가? 과거·현재·미래의 삼세와 시방세계에 늘 계신다. 그분이 바로 노사나불이니, 노사나는 모든 보신불報身佛에 대한 보통명사이다. 달리 말하면 원력과 수행의 결과로 부처를 이룬 분에 대한 총칭이 노사나불인 것이다.

예를 들면 동방 만월세계滿月世界의 약사여래는 12대원을 세웠고, 서방 극락세계의 아미타불은 법장비구 시절에 48원을 세웠는데, 힘든 수행을 통하여 그 원들을 다

성취함으로써 보신불이 되신 것이다.

이렇게 법계에는 중생 구제의 원력을 세운 수많은 보신불이 있으며, 그 수많은 보신불 가운데 가장 뛰어난 아미타불의 원력을 빌어서 서방정토에 왕생하고자 한다는 것이다.

마지막으로 '서방 극락세계에서 교화하고 있는 무량수여래인 아미타불께 귀의합니다'고 하였다.

'나무南無'는 범어 '나마스namas'의 음역으로, '귀의한다'는 뜻이다. 모든 잡된 행위나 생각들을 버리고, 한마음으로 아미타불께 목숨을 바쳐서 의지하는 것이다.

그리고 '무량수無量壽'는 아미타를 '무한 생명'으로 해석한 단어이며, 이 아미타를 달리 무량광無量光(무량한 광명)으로 풀이하기도 한다.

무량수와 무량광은 아미타불의 대표적인 능력이요 서방 극락세계에서 누리는 삶이다. 그러므로 염불을 하여 극락왕생을 하게 되면 끝없는 행복을 누리면서 결정코 부처를 이루게 된다는 것이다. 이러한 의미를 새기면서 게송을 다시 외워보기 바란다.

유심정토와 타방정토

이제 극락정토에 대해 이야기 해보자.

염불은 극락정토에 왕생하는 수행법이다. 그런데 극락정토에 관한 견해가 모두 같지만은 않다.

정토는 크게 유심정토唯心淨土와 타방정토他方淨土로 나누는데, 두 정토를 이루는 수행법도 조금씩 다르다.

유심정토에서는 극락정토가 서방에 있는 것이 아니라, 청정한 내 마음을 극락으로 삼고 있다.

"마음이 청정하면 국토가 청정하다[心淸淨國土淸淨]."
"순수하여 곧은 마음이 곧 보살의 정토이다[直心是菩薩淨土]."

―유마경

예부터 선지식들이 자주 인용하고 있는 이 경구는 유심

정토를 시사하고 있다. 그리고 육조 혜능대사는 『육조단경』에서 극락에 관해 묻는 위사군衛士君에게 다음과 같이 설하셨다.

"마음자리가 선하면 서방이 여기에서 멀지 않지만, 선하지 않은 마음을 품고 있으면 부처를 외워도 왕생을 하기가 어렵다. 지금 그대에게 권하노니, 먼저 열 가지 악을 없애면 십만 리를 가고, 그런 뒤에 여덟 가지 사특함(팔정도의 반대)을 없애면 팔천 리를 지나게 된다. 순간순간 정성을 모아서 평등하고 곧게 행하면, 극락에 이르는 것이 손가락 한 번 퉁기는 일과도 같아서 곧바로 아미타불을 볼 수 있게 된다."

이러한 말씀들을 바탕으로 삼고 있는 것이 '유심정토唯心淨土 자성미타自性彌陀' 수행법이다.

중국에서 일어난 이 염불법은 나중에 선종과 결합하면서 염불선念佛禪으로 발전을 한다. 다시 말하면, 염불의 일심불란一心不亂이 선정禪定과 다르지 않고, 아미타불을 만나는 것이 자성불自性佛을 깨치는 것과 같다고 보는 것이다.

　이와는 달리 **타방정토**他方淨土 사상은 서방의 세계에 극락정토가 실제로 있으며, 한 마음으로 염불을 한 공덕으로 죽은 뒤에 관세음보살과 대세지보살을 거느린 아미타불의 인도를 받게 된다는 것이다.
　이 타력정토신앙은 '나무아미타불' 여섯 글자를 이레만이라도 지극한 마음으로 부르면 극락세계에 가서 태어난다고 하는, 참으로 쉬운 수행법이다.

　이 타방정토신앙에는 신심에 대한 독특한 견해가 있다.
　불교의 일반적인 신심은, 모든 중생에게 불성佛性이 내재되어 있으며, 수행을 통하여 자기의 불성을 자각해 간다는 것이다.
　그런데 타방정토신앙에서는 불성에 대한 믿음이 아니라, 중생의 몸으로 아미타불을 믿고 염불하면 극락정토에 왕생하여 힘들이지 않고 성불을 할 수 있다는 것이다.
　이렇게 극락정토에 태어나기 위해서는 세 가지 마음인 타력삼심他力三心이 필요하다.

① 깊은 마음인 **심심**深心
② 정성을 다하는 **지성심**至誠心
③ 염불한 공덕을 서방 극락세계에 태어나는 데로 돌리는 **회향발원심**回向發願心이다.

극락왕생을 원하는 이가 염불을 할 때 이 삼심을 갖추게 되면, 아미타불께서는 염불하는 이에게 지극한 마음을 주고〔至心〕, 부처님께 염불하는 중생은 믿음의 즐거움을 누리며〔信樂〕, 극락정토에 태어나고자 한다〔欲生〕는 것이다.

지금까지의 내용을 바탕으로 참다운 염불 수행의 자세를 다시 정리해 보자.
첫째는 **신심**信心이다. 아미타불의 원력을 믿는 것이든 자성불自性佛을 믿는 것이든 관계없이, 깊은 신심은 꼭 필요하다.
둘째는 **서원**誓願이다. 염불을 한 공덕을 자신에게 회향하여 극락왕생을 하든, 중생에게 회향하여 함께 부처를 이루든, 꼭 서원을 세워야 한다. 왜냐하면 수행자에게 서원은 생명과도 같은 것이기 때문이다.

셋째는 **청정**淸淨이다. 계율을 잘 지켜서 몸과 입과 마음을 청정하게 유지해야 한다.

육조대사께서 '십만억 국토를 지나서 서방정토에 이르게 된다'고 한 것은 중생들이 열 가지 악행을 저지르지 않아야 극락이 펼쳐지게 된다는 가르침이다.

또 당나라의 가재스님은 '삼업이 청정해야 제대로 된 염불이다'고 하였다.

넷째는 **고요한 마음으로 기도하라**는 것이다.

한 올의 흐트러짐도 없이 순수하고, 꼭 이루고 말리라는 굳은 마음으로 염불을 해 나가면, 극락과 견성이 모두 이루어진다.

이들과 관련된 소중한 두 게송이 있다.

염불로 깨달으려면

_{극 락 당 전 만 월 용}
極樂堂前滿月容 극락전 앞의 둥근 달과 같은 모습이여
_{옥 호 금 색 조 허 공}
玉毫金色照虛空 옥호와 금빛 광명 허공 끝까지 비추네
_{약 인 일 념 칭 명 호}
若人一念稱名號 누구나 일념으로 아미타불을 부르면
_{경 각 원 성 무 량 공}
頃刻圓成無量功 잠깐 사이에 무량공덕을 이루게 되노라

_{아 미 타 불 재 하 방}
阿彌陀佛在何方 아미타부처님은 어느 곳에 계시는가
_{착 득 심 두 절 막 망}
着得心頭切莫忘 마음에 착 붙여서 잠시도 잊지를 말라
_{염 도 염 궁 무 념 처}
念到念窮無念處 생각들이 다하여 생각 없는 데에 이르면
_{육 문 상 방 자 금 광}
六門常放紫金光 육근에서 언제나 자금색 광명을 발하리

앞의 게송은 타방정토의 요소가, 뒤의 게송은 유심정토의 의미가 강조된 게송이다. 마음에 새겨서 잘 음미해 보기 바란다.

염불이 깨달음으로 가려면 어떻게 해야 하는가? 부처님을 염송하는 마음, 그 마음이 부처님께 매달려서 구하고자 하는 중생심이 되어서는 안 된다. 부처님께 매달려서 구한다는 마음이 다 없어져야, 부처님과 자신이 한 몸이 되고 삶의 곳곳에서 어느 때나 신통한 위신력을 드러내게 된다.

이를 달리 말한 것이 게송 속의 '**착득심두절막망 염도염궁무념처**'이다. 이 경지에 이르면 부처의 옷을 입고, 부처의 자리에 앉아, 부처의 말을 하고, 부처의 생각을 하고, 부처의 행동을 할 수 있게 되는 것이다.

이렇게 부처님의 거룩한 모습과 행동을 마음에 두고 부르고 생각하는 염불을 하자〔色身念佛〕.

부처님의 위대한 중생 구제의 원력과 공덕을 본받는 염불을 하자〔法身念佛〕.

나아가 모든 것이 인연 따라 오가는 본래 공한 것이요 집착할 대상이 아니라는 것을 확연히 깨닫는 염불을 하자〔實相念佛〕.

이것이 대자유 대광명의 삶을 살아가게 하는 참된 염불인 것이다.

염불수행에 있어서 가장 요긴한 것은 **일념**一念이요 **일심불란**一心不亂이다.

평범한 불자들은 어떤 기도를 해야 더 영험이 있고 어떤 염불이 더 신통한지에 관심이 더 많지만, 실은 어떤 방법을 선택하느냐가 중요한 것이 아니라, 일념으로 돌아가서 정성을 다하는 태도가 중요하다.

❀

옛날에 어떤 노보살이 절에 가서 스님께 물었다.

"사는 동안은 즐겁게 살고, 죽어서는 극락세계에 가려면 어떻게 해야 합니까?"

"'나무아미타불'을 일심으로 염하십시오."

노보살은 열심히 '나무아미타불'을 외었다. 그런데 어느 날 자고 일어났더니 어제까지 외던 염불이 생각나지 않는 것이었다. 그래서 며느리에게 물었다.

"내가 외던 엄불이 무엇이냐?"

평소 늘 중얼거리는 시어머니가 마뜩잖았던 며느리는 심술이 나서 엉터리로 일러주었다.

"어제 염불하던 소리요? '저 건너 김 첨지'라고 하셨잖

아요."

　노보살은 그때부터 '저 건너 김 첨지'를 열심히 외었다. 다시는 잊어버리지 않으려고 더욱 열심히 염불을 하여 마침내 극락세계에 왕생하였다.

◊

　이 이야기가 사실인지 아닌지는 중요하지 않다. 다만 기도는 일심불란一心不亂한 마음으로 해야 함을 강조하고 있는 것이다.

　청정한 마음으로 산란함 없이[一心不亂] '나무아미타불'을 외면, 하루가 즐겁고 한 달이 즐겁고 한 해가 즐겁고 평생이 즐겁다. 염불을 하면 부처님의 자비원력이 저절로 함께하기 때문이다.

　혹 좋은 인연을 만나면 좋아서 즐겁고, 혹 나쁜 인연을 만나더라도 그것을 내 업보로 생각하여 염불로써 지난날의 악업을 씻을 수 있는 기회로 만들 수 있으니 즐겁다.

　일념으로, 일심불란하게 염불하여 한없는 즐거움을 증득하기를 빌어 마지않는다.

　나무극락교주아미타불.

IX

부처님은 왜 오셨는가?

불교가 어려운가?

해마다 5월이 되면 돌아오는 부처님오신날. 이날을 전후하여 불자들은 부처님 오심을 함께 봉축하면서 환희심에 젖어 들고, 마음을 밝고 아름답게 갖는다.
석가모니부처님께서는 이 괴로운 사바세계에 왜 오셨을까? 부처님께서 성불 직후에 설하신 제일성第一聲 속에는 오신 뜻이 고스란히 담겨 있다.

"아! 기특하도다. 모든 중생이 다 부처의 지혜智慧와 덕상德相을 갖추고 있건만, 오로지 망상과 집착 때문에 체득하지 못하는구나. 만약 이 망상의 집착만 여읜다면, 곧바로 일체지一切智·자연지自然智를 알게 되는 것을!"

이것이 불교의 시작이요 부처님 가르침의 시발점이다.

이 부처님의 말씀을 달리 표현하면, 우리가 '본래 부처'요 내가 '고귀한 부처'라는 것을 모른 채, 번뇌망상에 휩싸여서 괴로운 윤회의 세계에 빠져 있다는 것이다. 그래서 부처가 되는 길을 가르쳐 주고자 하셨으니, 바로 그것이 법法이요 불교佛敎이다.

그런데 사람들은 "불교가 너무 어렵다"고 이야기한다.

그렇다. 불교는 너무 어렵다. 공空도 어렵고 유식唯識도 어렵고 화엄도 어렵고 참선參禪도 어렵다. 그러나 근본으로 되돌아가면 불교는 결코 어려운 것이 아니다.

과거칠불過去七佛 곧 과거의 일곱 부처님이 한결같이 설하셨다는 칠불통계게七佛通戒偈를 보자.

諸惡莫作 모든 악을 짓지 말고
衆善奉行 선들을 받들어 행하면서
自淨其意 스스로 그 마음을 깨끗이 하라
是諸佛敎 이것이 모든 부처님의 가르침이다

나쁜 생각과 나쁜 말과 나쁜 행동을 하지 말고, 좋은 생각과 좋은 말과 좋은 행동을 하면서, 스스로의 마음을 자꾸자꾸 맑혀가라는 가르침! 이것을 누가 어렵다고 할 것인가?

❀

 중국 당나라 때의 대문장가로 시와 그림과 풍류를 즐겼던 백낙천白樂天(백거이白居易:772~ 846)은 불교의 깊은 경지를 체득한 불자이다. 그러나 젊은 시절에는 자신의 똑똑함을 과시하며 논쟁하기를 매우 좋아하였다.
 그가 항주의 자사로 부임하였을 때, 항주에는 도림道林 선사라는 분이 계셨다. 날씨가 좋으면 높은 나무에 올라앉아 참선을 하였기 때문에, 남들은 그분을 새둥지[鳥窠]조 과 스님이라 불렀다.

 백낙천이 스님의 명성을 듣고 찾아간 날도 도림선사는 높은 나무에 앉아 꾸벅꾸벅 졸고 있었다. 백낙천은 깜짝 놀라 소리쳤다.
 "앗! 위험하다 위험해."
 그러자 잠에서 깨어난 도림선사가 맞고함을 쳤다.
 "앗, 위험하다 위험해."

'참 별일이네. 나를 보고 위험하다니!'
그래서 스님께 여쭈었다.
"항주 자사인 저는 이 지방을 호령하고 있습니다. 그리고 두 발로 땅을 딛고 안전하게 서 있습니다. 그런데 왜 위험하다고 하십니까?"
"티끌 같은 세간에서 높은 벼슬에 올라 교만한 마음을 키우면서, 끝없는 번뇌와 탐욕의 불길에 휩싸여 있는데 어찌 위험하지 않다 하리?"

스님의 이 말씀에 백낙천은 교만과 망상과 집착에 빠져 큰 스승을 시험하러 왔던 자신을 부끄럽게 여기고, 공손히 절을 올리면서 가르침을 청하였다.
"어떤 것이 도道(불교)입니까?"
"모든 악을 짓지 말고 착한 일들 받들어 행하면서 스스로의 마음을 깨끗이 하라. 이것이 부처님들의 가르침이니라."
이렇게 도림선사가 칠불통계게를 일러주자, 백거이는 실망을 하여 말하였다.
"그거야 세 살 먹은 아이도 다 아는 것이 아닙니까?"

"세 살 먹은 아이도 다 알지만, 칠십 노인도 행하기는 어려운 일일세."

⋄

부처님들의 한결같은 가르침[是諸佛教, 시제불교]. 그것은 어려운 것이 아니다. 악업惡業을 멈추고 선업善業을 실천하면서 스스로의 마음을 깨끗이 하는 것이다.

깊은 참선 정진, 고차원적인 경전 공부, 힘든 고행을 닦지 않을지라도 복을 담을 수 있고 깨달음의 큰 바탕을 이룰 수가 있다. 특별한 공부를 하지 않더라도, 악을 짓지 않고 선을 받들어 행하는 것만으로도 복되게 살 수가 있다.

열 가지의 나쁜 짓인 살생·도둑질·사음·거짓말·이간질·욕설·이상한 말·탐욕·분노·사견 등의 십악十惡을 멈출 때 생겨나는 십선十善만 잘 닦으면, 능히 복을 받고 행복을 누릴 수 있게 되며, 제악막작諸惡莫作하고 중선봉행衆善奉行하면서 스스로의 마음을 맑혀 가면[自淨其意, 자정기의] 능히 대도大道까지 성취할 수가 있다.

이러한 불교를 누가 감히 어렵다고 할 것인가?

가장 거룩한 인연

　한평생을 살다 보면 마치 마술사가 펼치는 환상처럼, 기쁨과 노여움과 슬픔과 즐거움이 끊임없이 일어났다가 사라진다. 즐거움과 괴로움, 아름다움과 추함이 공존하는가 하면, 안정을 누리다가도 느닷없이 찾아드는 고통에 허덕이며 살아간다.
　그야말로 안팎으로부터 생겨나는 많은 일들과 부딪치게 되고, 그 일들 때문에 방향을 잃고 헤매는 경우가 많다. 황혼기에 접어들어 지난 삶을 되돌아보면, 숨 가쁘게 살아왔지만 그 속에서 참다운 삶의 의미와 기쁨을 찾아보기는 쉽지 않다.

　그러나 '사람의 몸으로 태어난 것과 불교를 만난 것이 내가 만난 인연 가운데 가장 거룩한 인연이라는 것'을 알아야 한다. 이 지구상에서 사람만큼 훌륭한 자질을 지닌 존재가 없고, 불교만큼 훌륭하고 합리적인 가르침이 없기 때문이다.

 훌륭한 자질에 가장 거룩한 인연을 만난 우리가 악한 행동과 악한 말을 하고, 탐욕과 분노와 교만·의심·고집 따위의 어리석음에 빠져들어서 소중한 인생을 소진하여서야 되겠는가?

 그럼 어떻게 하라는 것인가?

 세 살 아이도 알고 있는 것, 그것을 행하면 된다. 자기 욕심에 휩싸여서 이 핑계 저 핑계를 대며 머뭇거릴 것이 아니다. 옳은 것이니 실천에 옮기면 된다.

 행복과 깨달음을 여는 행은 일상을 떠난 거창한 무엇이 아니다. 세 살 아이도 능히 아는 이것을 꾸준히 행하여 좋은 습관으로 만드는 것이다.

 물론 익히 알고 있는 선善이라 하여 꾸준히 실천에 옮기기는 쉽지가 않다. 왜? 이기심이 발동하기 때문이다. 나쁜 짓을 하는 것도 마찬가지이다. 처음이 어렵지, 한 번 저지르고 나면 거침이 없어진다.

그렇다고 선을 팽개치고 악을 좇아가면 어떻게 되는가? 불행한 삶, 지옥 같은 삶이 펼쳐지는 것이다.
  착하게 살 것인가? 그릇되게 살 것인가? 실로 마음 한번 잘 쓰고 못 쓰는 일로 우리의 운명은 달라지게 된다. 그러므로 늘 마음을 맑혀가야 한다. 내 뜻을 깨끗하게 해야 한다[自淨其意].
  도를 닦는다 함은 바로 이것이다. 우리의 마음을 선하고 바르고 좋게 가꾸고, 그 마음에서 비롯되는 말과 행위들을 잘 길들이는 것이다. 우리의 가장 거룩한 인연인 불교佛敎는 그 길을 일러주는 길라잡이요 우리의 좋은 길벗이다.

  한번 생각해 보라. 내가 불교를 믿고 불교 공부를 하는 까닭이 무엇인지를?
  나는 그 까닭이 행복이라고 생각한다. 그러나 그 행복은 나만의 행복이 아니다. 나와 남을 구분하지 않는 행복, 모든 존재가 함께 행복해지는 행복이다.
  불교를 믿는 우리는 여기에 목표를 두어야 한다. 정신적인 행복만이 아니라, 물질적인 행복과 환경적인 행복을 함께 누리고 이루어내는 데 힘을 기울여야 한다.

　그래서 나는 욕심을 죽이라고 말하지 않는다. 오히려 행복을 위한 욕심들을 낼 것을 권한다.

욕심과 원력

욕심은 꼭 나쁘기만 한 것이 아니다. 정도를 넘어서서 악한 길로 나아가는 탐욕이 나쁜 것이지, 선을 받들어 행하는 중선봉행衆善奉行의 욕심은 절대로 나쁜 것이 아니다. 오히려 중선봉행의 욕심은 더 필요한 것이다.

세상을 살아감에 있어 애착과 욕심을 모두 버릴 수는 없다. 하는 일도 잘 되어야 하고, 가족들의 건강과 삶의 질도 챙겨야 한다. 이러한 것에는 애착과 욕심을 가져야 한다.

그런데 중생들은 어떠한가?

중생은 높아지고자 하는 욕망, 더 많은 것을 갖고자 하는 욕망, 더 편안하고 더 재미있고 더 신나는 것을 찾고자 하는 욕망 따위를 좇으면서 살아간다. 그리고 욕망이 채워지지 않으면 미움과 분노에 휩싸인다.

동시에 이 욕망과 미움의 뿌리를 자기의 실체라고 생각한다. 자기를 중심으로 여기는 이기심, 곧 자기 집착의 아집을 진짜 내 것으로 여기는 것이다.

이기심·아집으로 나와 내 것이 존재한다고 여기는 착각은 지혜와 행복과 평화를 방해하는 독소와 같은 것이기 때문에, 이 이기심·아집을 탐욕과 분노와 어리석음이라는 '삼독三毒의 뿌리'라고 부른다.

주위를 둘러보라. 아집이 강한 사람들은 마치 세상을 혼자 살아갈 수 있는 것처럼 오만하게 행동을 한다. 그러나 세상은 결코 '나' 혼자서 살 수 없다.

불교에서는 삼라만상이 존재하는 방식을 제망帝網, 곧 '제석천帝釋天의 그물'이라 일컫는다.

제석천 그물의 가로세로 줄이 서로 만나는 자리는 1천에 이르는데, 그 1천의 그물코에는 한 개씩의 영롱하고 투명한 보배구슬들이 달려 있다. 그 1천 개의 보배구슬들은 하나하나마다 매우 아름다운 빛을 뿜어낸다.

그러나 그 빛이 다른 구슬의 빛을 방해하지 않는다. 오히려 그물에 달린 수많은 구슬에서 뿜어져 나오는 무늬와 색깔이 서로 복합적으로 어우러져서, 제석천을 지극히 아름다운 세상으로 만든다는 것이다.

이 제석천의 그물과 같이, 서로 얽히고설켜 있는 세상에서 나 혼자 생겨나고 나 혼자 존재하는 것은 없다. 왜? 이곳이 서로의 관계 속에서 이루어진 세상이기 때문이다.

이를 다른 말로 하면 '연기법緣起法(인연법)'으로서, 모든 것은 서로서로가 인因이 되고 연緣이 되어 생겨난다[因緣所起]는 것이다.

모든 존재는 서로가 조건이 되고 인연이 되어 생겨나는 것일 뿐, 세상의 어떤 이도 어떤 것도 변함없이 고정된 실체를 가진 것은 없다. 이 사실을 우리는 가까이에 있는 존재의 변화와 소멸을 볼 때 깊이 느끼곤 한다.

'나' 또는 '내 것'에는 고정된 실체가 없으며, 일시적으로나마 나와 내 것으로 여겨지는 존재도 결국은 다른 존재들과 어우러져 있는 것일 뿐이다.

모두가 서로서로의 노력에 힘을 입고 의지하고 있다는

연기법.

  이 연기의 이치는 우리에게 더불어 살아갈 것을 깨우쳐 주고 있다.

  쉬운 예로, 우리가 입고 있는 옷이나 신발은 우리가 값을 치른 것이지만, 다른 이들의 땀과 수고 없이는 구할 수 없는 것이다. 이러한 사실들을 알면 우리는 모든 것에 고마워하는 마음을 갖지 않을 수 없게 된다.

  그런데도 우리는 이 쉬운 진리를 자신에게 적용하는 일에는 몹시 서툴다. 오히려 회피하거나 외면하려고 한다. 한 걸음 더 나아가, 모자라거나 마음에 들지 않는 것이 있으면 누군가를 탓하거나 주어진 조건을 원망하고 미워한다. 아집은 이토록 무서운 것이다.

  불교는 이와 같은 아집을 떠나 지혜롭게 살아가는 방법을 제시하는 길라잡이요, 행복으로 가는 나루터이고, 대생화의 땅으로 나아가게 하는 길벗이다.

  지혜智慧를 갖추어 보라. 행복은 저절로 따라온다.

  한 예로 다른 사람이 베푼 작은 일에 감사하는 마음이 생기는 것, 십선十善 등의 착한 일을 잘 받들어 행하는 것, 이것이 바로 지혜이다. 무명無明은 악을 짓게 만들지만, 지혜는 상대를 역지사지易地思之의 마음으로 돌아보게 한다.

무명은 욕망 자체가 분수에 넘치는 무리한 일임을 알지 못하게 한다. 그 때문에 욕망을 이루지 못하면 미워하고 분한 마음이 일어나게 된다.

불행不幸은 욕망과 미움, 탐욕과 분노에서 온다는 것을 새겨 두자. 흔히들 행복과 쾌락을 같은 것으로 오해하지만, 그 둘은 전혀 다른 것이다. 쾌락은 순간적이지만 행복은 만족할 줄 아는 데서 오는 영원한 행복, 곧 상락常樂이다.

그러므로 지금 내가 처해 있는 형편이 매우 나쁘다 할지라도, 절망하기보다는 생각을 먼저 바꾸어야 한다. 우리에게는 주위와 함께 행복을 나눌 권리가 있지 않은가! 가족 부양이나 노후 대책 같은, 생활 속에서 감당해야 할 문제들이 많지 않은가!

감당해야 할 문제들이 다가올 때 어떻게 해야 하는가? 부정적인 생각을 품으면 오히려 문제가 더 커질 뿐이다.

최선의 방책은 마음을 바꾸는 길이다.

어떻게 마음을 바꾸라는 것인가?
욕심을 원력願力으로 바꾸어야 한다.
나쁜 행위와 탐욕으로 빠지게 하는 욕심을 버리고 끊어야 한다. 그러나 나와 남을 함께 살리는 좋은 욕심은 버릴 것도 끊을 것도 아니다. 왜? 그것이 바로 원력願力이기 때문이다.
이러한 원력은 굳건히 가지고 힘써 행함이 옳다. 좋은 원願을 품고 노력을 하다 보면 그 원에 힘[力]이 붙고, 힘이 생겨 원력으로 움직이게 되면 틀림없이 훌륭한 성취를 하게 되는 것이다.
가령 사업가가 개인의 욕심과 혼자만의 부귀영달을 위해서 일을 하는 것이 아니라, 돈을 벌어서 좋은 일에 쓰겠다는 원력을 세우고 일을 하면 그의 사업은 틀림없이 번창을 한다.

내가 크게 존경하는 통도사 극락암의 경봉鏡峰(1892~

1982) 스님께 많은 이들이 인생상담을 하고자 찾아가면, 스님께서는 늘 환한 미소로 그들을 품어주셨다. 그런데 기업가와 상인들은 돈벌이에 대해서 많이 여쭈었다.

"스님, 돈을 잘 벌 수 있는 방법이 없습니까?"

"있다. 원력을 잘 세워야 한다. 사업하고 장사해서 생긴 이익을 좋은 일에 쓰겠다는 원력을 뚜렷하게 세우고 정진하면 돈을 잘 벌 수가 있다.

사리사욕보다 공심公心으로, 중생을 사랑하는 불심佛心으로 살면 복락을 누리게 된다."

༄

원력과 탐욕은 근본부터가 다르다. 탐욕이 채워졌을 때는 잠깐의 기쁨을 느끼지만 오래가지 않는다. 쾌락에 지나지 않는 그 기쁨은 사그라들기 마련이요, 더 큰 쾌락을 좇아가게 만든다.

그러나 나와 남을 함께 이롭게 하는 원력은 환희심을 느끼게 하고, 인생을 평화롭고 행복하게 만든다.

우리는 탐욕의 삶이나 단순한 욕심의 삶이 아니라, 의욕의 삶, 원력의 삶을 살아야 한다. 다른 사람의 손해나 불행을 발판으로 삼아서 자신의 행복을 얻으려는 사람은 절대로 참된 행복에 이르지 못한다.

　마음속에 나와 남이 함께 행복해지는 원력을 품으면 참된 행복은 저절로 다가온다. 마음의 평화와 행복한 세상이 저절로 찾아오게 되는 것이다.

　우리의 소중한 인연인 불교는 어렵지 않다. 나와 남을 함께 이롭게 하는 선들을 받들어 행하면서[衆善奉行], 우리의 마음과 뜻을 맑히며 나아가자[自淨其意]. 이것이 바로 부처님께서 이 땅에 오신 까닭이니….

　나무시아본사서가모니불.

X

무상한 삶과 열반의 삶

설산동자 이야기

『열반경』에는 석가모니의 전생 설산동자雪山童子 시절에, 간절히 도를 구한 이야기가 있다.

설산동자는 설산에서 위없는 도〔無上大道〕를 구하기 위해 힘든 고행을 하고 있었다. 그때 하늘의 제석천왕帝釋天王이 그를 시험하기 위해 사람을 잡아먹는 흉측한 나찰귀신으로 모습을 바꾸고, 동자가 수행하는 근처로 가서 게송을 읊었다.

諸行無常　어떠한 것도 영원함이 없나니
是生滅法　이것이 나고 죽는 생멸법이다

어디선가 들려오는 노랫소리에 환희를 느낀 설산동자는 사방을 둘러보았다. 그런데 흉측한 나찰만이 한쪽 편에 웅크리고 앉아 있을 뿐이었다.
"조금 전에 노래를 부른 이가 당신입니까?"
"내가 너무 배가 고파 헛소리를 했는가 보오."
"나머지 반쪽 노래도 들려주십시오."
"배가 너무 고픈 나에게 지금 필요한 것은 산 사람의 따뜻한 고기와 피뿐이오."
"나머지 반쪽 노래를 들려주십시오. 기꺼이 이 몸을 드리겠습니다."
"그렇다면 잘 들으시오. 행자여."

　　生滅滅已　　나고 죽는 생멸법이 다 없어지면
　　寂滅爲樂　　고요하고 영원한 즐거움이네

　나머지 게송을 들은 동자는 나무와 돌, 땅바닥 등에 부지런히 게송을 쓴 다음, 높은 나무 꼭대기로 올라가서 나찰의 벌린 입을 향해 뛰어내렸다.
　그 순간, 나찰귀신은 제석천왕의 모습으로 돌아와서,

설산동자의 몸을 살며시 받아 평지에 내려놓았다. 그리고는 '꼭 무상대도를 이루어 나를 제도해 달라'는 말을 남기고 사라졌다.

8

석가모니불은 전생의 설산동자 시절에 나머지 반쪽 게송을 위해 기꺼이 몸을 버린 인연으로 성불의 시기를 12겁劫이나 앞당겼다고 한다.

언제나 불법을 생각하고 부처님의 바른 법을 위해 몸을 아끼지 않았던 설산동자. 이 설산동자처럼 지극한 마음가짐으로 몸을 잊고 불법을 구하게 되면, 한량없는 세월을 뛰어넘어 해탈을 얻을 수가 있다.

그런데 이렇듯 목숨과 맞바꾼 위대한 가르침을 듣고서, '부처님과 같은 위대한 성자의 일일 뿐, 나 같은 범부와는 상관이 없는 일이다'라며 치부하는 이들이 많다. 그러면서 자신이 고통을 받고 있는 줄도 모른 채 불구덩이 속에서 희희낙락하고 있다.

아, 이를 바라보는 불보살님들의 마음은 얼마나 안타까우실까! 그래서 지장보살님은 '중생을 모두 제도하기

전에는 성불하지 않겠노라'는 서원을 세우고 지옥문 앞에서 눈물을 흘리고 계신 것이다.

이제 우리도 깨어나서 힘닿는 데까지 꾸준히 불법을 익히고 정성을 다하면, 불보살의 가피로 차츰 길이 열리게 된다. 지금은 비록 어려운 불법일지라도, 차츰 인연이 무르익어 큰 깨달음을 이룰 수 있게 되는 것이다.

이제 설산동자가 들은 게송을 한 구절씩 풀어보자.

제행무상의 세계

제행무상諸行無常의 제행은 '모든 것'이란 뜻이요, 무상은 '덧없다'는 뜻이다. 곧 육체적인 것이든 정신적인 것이든 물질적인 것이든, 우리가 경험하는 모든 것은 영원하지 않고 덧없다는 것이다.

이는 새삼스러운 말이 아니다. 사람이나 동물의 몸은 나고 늙고 병들고 죽는다[生老病死]. 풀이나 나무·돌·흙 등의 무정물과 돈·재산 등은 생겨나서 머물다가 변하고 없어진다[成住壞空]. 그리고 우리의 생각은 일어나서 잠시 머물고는 다른 생각으로 변하였다가 사라진다[生住異滅].

어찌 육체와 물질과 정신을 무상하지 않다고 하리.

시생멸법是生滅法이란, '바로 이것이 나고 죽는 생멸법이다'라는 말이다.

이 법은 변하지 않는 우주의 법칙이다. 누구든 어떤 것이든, 이 법칙을 벗어나지 못한다. 명예와 권력과 재물의 많고 적음이나 배우고 못 배운 것과는 상관이 없다. '영원히 머물지 않는다'는 사실 앞에서는 모두가 평등하다.

그럼 이렇게 분명하고 동감할 수밖에 없는 생멸법과 제행무상의 이치를 우리는 과연 어떻게 받아들이고 있는가? 늙음과 죽음이 나에게로 다가오면 잘 받아들이고 있는가?

아니다. 그것을 거부하면서 믿으려고 하지 않는다. 늙음과 죽음을 당연한 일로 받아들이지 않는다.

일본에서 있었던 일이다. 어느 병원으로 도력이 높다고 널리 알려진 스님이 진찰을 받으러 왔다. 의사가 검진을 해보니, 스님이 아주 위중한 병에 걸려 있었고, 채 몇 달도 살지 못할 듯하였다.

보통의 환자였으면 보호자를 불러서 병 상태를 알려주었겠지만, 의사는 '도력이 높은 스님이니 죽음에 초연할 것'이라 지레짐작하여, 곧이곧대로, '석 달쯤밖에 더 못

살 것'이라고 말해 주었다.

그런데 스님은 석 달이 아니라, 한 달도 넘기지 못하고 세상을 떠나고 말았다. 사인도 병사가 아니라, 심각한 스트레스가 가져온 쇼크사였다.

수행승인지라 보통 사람보다 정신력이 더 강할 것으로 여겼는데, 스님에게도 생사 문제는 쉽지가 않았던 것이다. 그래서 부처님께서는 수행인들을 늘 경책하셨다.

"나고 죽음은 큰 일이요, 덧없는 인생은 빨리 지나간다〔生死事大 無常迅速〕."

생멸멸이生滅滅已는 '나고 멸하는 것이 완전히 다 없어진다'는 말이다.

부처님의 경우를 더 이야기해 보자.

태어난 지 이레 만에 어머니 마야 부인과 죽음으로 이별을 한 석가모니는, 12살이 되던 해의 봄에 춘경제春耕祭에 참여하며 큰 충격을 받았다.

파리한 농부들은 쟁기를 멘 소를 몰면서 비지땀을 흘렸고, 소는 채찍질을 당하면서 밭을 갈아엎었다. 그때마다 땅속의 벌레들이 쟁기 날에 찢기고 끊어진 채 땅 위로 노출되었고, 이 벌레들을 까마귀·까치 등의 각종 새들이 재빨리 날아들어 쪼아 먹는 것이었다.

크게 놀란 태자는 나무 밑으로 자리를 옮겨 앉아 깊은 사색에 잠겼다.

'모든 생명들은 살기 위해 이 세상에 난 것이다. 그런데 어째서 국왕은 백성을 부려 먹고, 농사짓는 백성은 소를 부려 먹는 것인가? 또 약한 생명들은 밭 가는 쟁기의 날에 찢긴 채, 날래고 힘센 날짐승에게 쪼아 먹히고 있으니…. 이것은 있을 수 없는 일이다. 차마 볼 수 없는 현상이다.'

눈앞에서 아무렇지도 않게 이루어지고 있는 미물의 고통과 죽음…. 태자에게는 그 벌레의 공포와 고통이 남의 일 같지가 않았다. 비로소 태자는 중생의 고통스러운 삶과 죽음에 대해 생각을 하게 되었다.

그 뒤 동서남북 사방의 성문 밖으로 나가서 사람들이

늙고 병들고 죽어가는 모습을 보았고, 생사 문제를 해결하기 위해 출가한 수행자가 조용하게 걸어가는 모습을 보았다.

그러고는 '생사문제를 해결해야겠다'고 결심을 하고 출가하여, 여섯 해 동안의 뼈를 깎는 수행 끝에 보리수 아래에서, 이 나고 죽는 문제를 해결하여 열반의 경지에 이르렀고 부처가 되셨다.

8

죽음을 맞이하여 옷을 벗듯이, 여행을 떠나듯이 홀가분하게 삶을 마감하려면, 평소에 무상의 문제를 남의 일로 여겨서는 아니 된다. '죽음이 찾아오면 그때 생각해 보겠다'고 해서도 아니 된다.

생로병사의 문제는 '인생이 덧없다〔無常〕'는 것과 '나라고 할 것이 없다〔無我〕'는 진리를 여실히 깨쳐야만 해결이 되는데, 이를 '체인體認'이라고 한다. 온몸으로 분명히 알아야 한다는 것이다.

그러기 위해서는 끊임없이 기도하고 정진하는 노력이 필요하다.

열반의 즐거움

 마지막 구절인 **적멸위락**寂滅爲樂이란 '열반涅槃을 얻으면 즐겁다'는 뜻이다.
 적멸은 생사와 번뇌망상이 완전히 사라진 고요한 상태이다. 생사의 문제를 해결하여 즐거움만이 가득해졌다는 것이다. 이것을 열반의 세계라 한다.

 열반의 범어는 '니르바나nirvāṇa'인데, '불어서 끄는 것〔消吹〕소취', '불어서 끈 상태〔吹滅〕취멸'라는 뜻을 지니고 있다. 곧 오욕락에 깊이 탐착하게 했던 갈애渴愛의 불길이 사라진 상태를 말한다.
 이를 의역하여 '멸도滅度' 또는 '적멸寂滅'이라 하고, 생멸을 떠났다고 하여 '무생無生'이라고도 한다.
 이 열반에도 두 가지가 있다. 보리수 아래에서 성도한

부처님은 마음의 속박을 완전히 벗어났지만 육신은 아직 남아 있는 상태였으니, 이를 '유여열반有餘涅槃(남은 것이 있는 열반)'이라 한다. 그리고 쿠시나가라에서 몸마저 벗어버리고 법신法身으로 돌아갔을 때를 완전한 열반인 '무여열반無餘涅槃' 또는 '반열반般涅槃'이라고 칭하고 있다.

우리의 마음은 탐내는 마음〔貪心탐심〕, 분노하는 마음〔瞋心진심〕, 어리석은 마음〔痴心치심〕이 빚어내는 불길로 휩싸여 있다. 그래서 언제나 두려움·슬픔·괴로움·근심·걱정으로 힘겨워한다. 가끔은 기쁨이 찾아오기도 하지만, 그 기쁨 또한 우리의 욕심이 빚어낸 것이어서 오래 가지 못하고, 또 다른 고통의 원인이 되어 버리기 일쑤이다.

이런 고통을 만들어 내는 불길을 끄려면 어떻게 해야 하는가? 그 근원을 잘 알아야 한다. 그리고 근원을 알기 위해서는 나를 잘 '관觀'하여야 한다.

그럼 관觀이란 무엇인가? 관은 단순하게 '보아서 안다'는 수준에 그치는 것이 아니다. '마음을 기울여서 전심專心으로 면밀히 살핀다'는 뜻이다. 쉽게 말하면, 집중하여 응시하는 것이 관이다.

 중생들은 지地·수水·화火·풍風의 사대四大로 이루어진 무상한 이 몸과 색色·수受·상想·행行·식識의 오온五蘊으로 이루어진 부질없는 '나'를 진짜 나로 착각할 뿐 아니라〔我相〕, 욕망을 즐거움으로 삼고 더러운 세상을 깨끗하게 지속되는 것으로 잘못 알고 있다.

 이러한 착각과 잘못된 생각 때문에 백 년도 못 갈 자신의 삶을 위해 욕심을 부리고, 남을 괴롭히고, 재물을 모은다. 그리고 식구나 자신이 속한 집단을 위한다는 핑계로, 온갖 좋지 않은 일을 서슴지 않게 행하고 있는 것이다.

 이것들이 해 뜨면 금세 사라지는 아침 이슬이나, 곧 지나면 없어져 버리는 봄날의 아지랑이와 같은 줄도 모르고 말이다.

 모든 것은 변하기 마련이다. 우리의 인생도 무수하게 변하면서 흘러가고 있다. 그런데도 변화를 감지하지 못하다가, 길거리에서 유리에 비친 모습을 보고 낯설게 느끼기도 하고, 거울 속에 보이는 흰 머리카락과 늘어가는 주름을 보면서 한숨을 짓기도 한다.

이렇듯 '영원한 나'는 없다. 그런데도 '영원히 잘 살고 변하지 않았으면' 하는 애착으로 살아가니 어찌 괴롭지 않을 수가 있겠는가!

정녕 '영원히 잘' 살려면 열반의 세계, 곧 번뇌의 불꽃이 꺼져버린 경지에 이르러야 한다. 열반의 경지에 이르면 모든 괴로움이 사라지고 고요하기 그지없는 최상의 안락함이 나타난다. 영원한 행복과 완전한 평화를 얻게 되는 것이다.

그래서 부처님께서는 『대집경大集經』에서 이르셨다.

"깨달음은 온갖 번뇌를 떠나 최상의 열반을 얻는 것이다."

부처님의 깨달음, 부처님께서 증득한 열반에는 네 가지 덕이 있다. 무상과 괴로움과 무아와 더러움을 초월한 영원함(常)·즐거움(樂)·자유로움(我)·청정함(淨)이 그것이다.

여든 생을 끝내고 돌아가신 부처님의 육신은 무상에 속하지만, 열반을 성취한 법신은 언제나 있다(常住). 곧,

법은 영원히 지속된다는 뜻으로, 부처님께서 마흔다섯 해 동안 탁발 유행하면서 중생들에게 베푼 무상과 열반의 가르침은 이 우주가 다하는 날까지 함께하게 된다.

이제 열반과 관계된 부처님의 마지막 가르침을 음미하면서 마무리를 지어 보자.

🙏

부처님께서는 대장장이의 아들 춘다의 공양을 받고 병이 났다. 춘다가 독버섯인 줄 모르고 만든 음식을 먹은 탓이었다. 제자들이 춘다를 몹시 나무라자 부처님께서는 말렸다. 그리고 수기授記를 주셨다.

"춘다는 마음이 악하지 않다. 그가 올린 공양의 공덕은 한없이 크니, 죽은 다음 천상에 태어날 것이다."

🙏

실로 모든 생명들에게 있어 먹는 것은 참 중요하다. 부처님도 니련선하에서 수자타 여인이 바친 유미죽을 먹고 건강을 되찾아서, 이레 동안 용맹정진을 한 끝에 부처가 되지 않았던가.

어떤 이는 우리의 육신을 부정한 것이라고 몰아붙이지

만, 그릇이 있어야 열매를 담을 수 있듯이, 이 몸을 떠나서는 따로 부처를 구할 수가 없다.

그러기에 우리의 몸을 부처님을 모신 법당이라고 하는 것이니, 모름지기 이 몸이 있을 때 정진을 잘하여야 한다.

❀

부처님께서 막 열반에 들려고 할 때 120세나 된 수밧타라는 바라문이 찾아와서 법문을 청하였다. 아난을 비롯한 제자들이 그를 가로막았지만, 부처님은 아픈 몸을 일으켜서 그에게 법을 설해주시고, 마지막 제자로 거두어들였다. 그리고 제자들을 둘러보며 이르셨다.

"나는 설해야 할 법을 다 설하였고, 구제해야 할 사람은 다 구제하였다. 이제 내가 설한 법(진리) 가운데 의심나는 것이 있으면 물어보아라."

제자들이 침묵하자, 부처님께서는 그 유명한 "자등명自燈明 법등명法燈明"이라는 법문을 마지막으로 남기신다. 부처님이 아니라, '자기를 등불로 삼고 법을 등불로 삼으라'는 가르침이다. 그리고는 이르셨다.

"인생은 짧고 빠르게 흘러가니(諸行無常 제행무상) 수행을 게을리

하지 말라〔不放逸〕.″
이것이 부처님께서 남긴 마지막 가르침이다.

§

한 치 앞도 알 수 없는 깜깜한 이 세상을 잘 살아가려면 밝은 등불이 있어야 한다. 그 밝은 등불을 어디에서 찾아야 하는가? 법에서 찾아야 하고 자신에게서 찾아야 한다. 나아가 자기 자신만이 자신을 구제할 수 있다는 것을 잊지 말아야 한다.

부처님께서는 열반의 길을 환히 열어 보이셨고, 그 뒤를 이은 큰스님들도 많은 가르침을 내려 주셨지만, '그 길로 갈 것인지 가지 않을 것인지'는 스스로가 결정할 문제이다. 아무리 좋은 법문을 들어도 실천하지 않으면, 그저 남의 소 머릿수만 헤아리는 것에 지나지 않고, 내 이익과는 무관할 뿐이다.

다시 강조하지만, 불교는 무조건 믿고 따르는 신앙이 아니라, 가르침을 잘 이해한 다음에 믿고 실천하는 신행의 종교이다.

부디 바라건대, 현실을 살아가면서 우리의 탐욕심과

분노심과 어리석음의 삼독심을 잘 관찰해 보자. 그리고 그것이 생사의 근본이 될 뿐이라는 것을 깊이 느껴 보자.

그리하여 생멸하는 제행무상의 육체와 정신과 물질에 대한 애착을 넘어서서, 한없이 고요하고 평화롭고 영원한 열반의 즐거움을 한껏 누리며 살게 되기를 진심으로 축원하고 또 축원 드린다.

XI

보살의 길

보살이란?

우리나라 불교는 대승불교이다.

그럼 대승불교란 무엇인가? 대승大乘은 큰 수레라는 뜻이다. 큰 수레를 타고 모두가 부처님 되는 길로 나아가는 것이 대승불교이다.

이 수레에는 누가 타는가? 보살菩薩이 탄다. 자리이타自利利他의 길을 추구하는 보살이 탄다.

그렇다면 보살은 어떠한 존재인가? 그리고 보살이 되려면 무엇을 갖추어야 하는가? 여기에서는 이 '보살'을 주제로 삼아 이야기하고자 한다.

부처님의 말씀을 흔히들 법륜法輪, 곧 법의 수레바퀴라고 한다. 바퀴가 굴러가듯이 늘 늘 움직여야 하는 것이 부처님 가르침이다.

이 법륜이 구르지 않는 것은 배역에 맞는 훌륭한 배우가 나오기를 기다리는 시나리오에 불과하다. 아무리 훌륭한 시나리오가 있을지라도 멋진 배우가 나타나서 혼신의 힘을 다해 연기를 하지 않으면, 가슴을 뭉클하게 하는 감동의 작품을 만들어낼 수가 없다.

불교계도 마찬가지이다. 부처님께서 깨달으신 위대한 법을 가장 훌륭하게 표현하여 만인을 감동시켜줄 배우가 필요하다. 과연 이같이 멋진 배우는 누구인가? 그 배우는 시절인연에 맞게 대승불교를 이끌어가는 존재인 보살이다.

보살菩薩의 범어는 '보디사트바bodhisattva'이다. 이를 한문으로 번역할 때 '보리살타菩提薩唾'라 하였고, 줄여서 '보살'이라 하였다.

이 '보디사트바'는 '보디'와 '사트바'가 합하여져서 이루어진 단어이다.

보디는 '각覺(깨달음)'이라 번역하고, 사트바는 감정을 가진 존재를 뜻하는 '유정有情' 또는 '중생衆生'으로 많이 번역하였다. 그래서 보디사트바를 '각유정覺有情' 또는

'깨달은 중생'이라 칭하기도 한다.

대승의 보살은 이 사바세계를 무대로 삼아 멋들어지게 연기를 하는 최고의 배우이다. 이러한 보살들이 활발하게 움직일 때 대승불교는 생기를 띠게 되고, 보살이 제대로 활동하지 않으면 대승불교도 빛을 잃고 만다. 대승불교가 곧 보살의 종교요, 보살의 종교가 곧 대승불교이기 때문이다.

그럼 이 보살은 무엇을 중심에 두고 살아가는가?

지혜智慧와 자비慈悲와 보시布施이다. 이 지혜와 자비와 보시가 보살의 길이요, 우리가 아는 문수보살·보현보살·관세음보살·지장보살 같은 분은 대지혜와 대자비와 대보시의 삶을 사는 대보살들이다.

보살의 지혜

보살의 첫 번째 길인 '지혜'는 원래 반야般若라고 하였다. 역경가들이 이 반야를 '지智', '혜慧' 또는 '지혜智慧'로 옮기면서도, 반야가 일반적인 지혜와 차원이 다르다고 하여 '대지혜大智慧'라는 단서를 붙였다.

대지혜는 분별이 있는 앎이기 때문에 분별지分別智라고 하는 지식知識과는 전혀 차원이 다르다.

분별지는 분별로써 너와 나를 갈라놓은 다음, 상대를 나에게로 끌어당기거나 내치는 상대적인 지식이다. 그러므로 분별지에 빠지면 내 것은 아끼고 칭찬하고 좋게 보이려는 반면, 남의 것은 헐뜯고 욕하고 미워한다.

너와 나, 네 것과 내 것 등을 둘로 나누고, 선과 악, 양지와 음지, 아름다움과 추함 등으로 모든 것을 구별하고 차별하는 이분법적인 지식은 자기중심적인 집착 속에 빠지게 한다. 그리고 자기중심적인 집착이 심해지면 아만我慢·아상我相 등에 빠져서 남의 인격을 무시하고 이웃을 멸시하게 된다.

이것을 '치痴'라고 한다. 삼독의 하나인 치는 잘못된 앎의 병이다.

누구든지 잘못된 앎의 병에 걸려서 분별하고 갈라놓기 시작하면 둘은 넷으로, 넷은 여덟으로, 여덟은 열여섯으로 무한히 나누어지게 된다. 쓸데없는 생각이 끝없이 이어져서 일심의 근원으로부터 한없이 멀어지게 된다. 한없이 분별하고 방황하다가, 어둡고 어리석은 무명無明의 세계로 깊이깊이 빠져드는 것이다.

그렇다면 보살의 반야지般若智는 무엇인가? 분별지와 반대되는 무분별지無分別智이다. 옳고 그름을 분별하지 못하는 무분별이 아니라, 자기중심적인 분별을 넘어선 무분별지이다.

이 반야지를 불교에서는 태양의 밝음에 비유한다. 나름대로 적당히 밝은 것이 아니라, 철두철미하게 밝혀주는 완전무결한 밝음이다. 상대적인 밝음이 아니라 낮과 밤, 양지와 음지가 없는 태양 자체의 밝음이다.

찼다가 기울어지는 달의 밝음이 아니라, 언제 어느 곳에서나 항상 밝은 빛을 비추어서 이 모든 분별의 장애들을 무너뜨리는 무분별의 지혜이다.

어둡고 어리석은 치痴를 파괴할 수 있는 것은 태양처럼 빛나는 무분별지의 밝음이다.

그럼 이 보살의 무분별지는 언제 나타나는가? 나름대로의 판단작용이나 자기중심적인 생각이 사라지고 시시비비가 모두 끊어지면 이 무분별지가 나타나기 시작한다.

그리고 무분별지가 차츰 커지게 되면 모든 이치나 일을 있는 그대로 분명하게 알 수 있게 되고, 모든 일을 자신 있게 실천할 수가 있게 된다.

거꾸로 보살이 분별에 사로잡히게 되면, 모든 것을 있는 그대로 보고 평등하게 볼 수 있는 능력을 잃어버리게 된다. 그리고 분별의 벽에 가로막혀서 전체를 보지 못하고 엉뚱한 길로 빠져들고 만다. 그러므로 보살은 무엇보다 먼저 반야의 무분별지를 갖추어야 한다.

보살의 자비

보살의 두 번째 길은 중생을 위한 '자비'의 길이다.

반야의 지혜를 갖추었다고 하여 보살의 일은 끝난 것이 아니다. 반야지를 지녔어도 움직일 줄 모르는 보살은 중생과 아무런 관계도 인연도 없는 앉은뱅이 보살일 뿐이다.

보살의 소명은 자리이타自利利他이다. 나도 이롭게 하고 남도 이롭게 하는 것이다. 나도 살리고 남도 살리는 것이다. 보살이 이러한 자리이타의 소명을 다하기 위해 중생들에게로 다가간다.

그럼 보살은 무엇을 품고 중생들에게로 다가가는가? 그것은 자비慈悲이다. 자비가 있어야 보살은 중생과 깊은 인연을 맺을 수가 있다.

중생과 자신이 '불이不二'임을 자각하고 있는 대보살들은, 중생들이 분별지에 빠져서 고해의 괴로움을 받고 있다는 것을 잘 알고 있기 때문에, 중생의 고통을 절대로 외면하지 않는다.

중생의 고통을 자기의 고통처럼 여기는 대보살들은 '중생을 위해 내가 존재한다'는 것을 자각하면서 고난의 현장에 있는 중생들을 구원해 주고 있다.

곧 대보살은 지혜라는 태양의 밝음만을 지닌 존재가 아니다. 자비라는 뜨거운 열도 함께 지니고 있다. 만약 태양에 빛만 있고 열이 없다면 이 지구는 어떻게 될까? 지구상의 생명은 모두 꽁꽁 얼어 죽을 것이다.

부디 잊지 말기 바란다. 보살의 지혜는 태양의 빛과 같고, 보살의 자비는 태양의 열과 같다는 것을!

중생을 위해 고난의 현장에 뛰어들어서, 태양의 열과 같은 뜨거운 자비로 살아가는 보살! 태양과 빛과 같은 지혜와 태양의 열과 같은 자비를 함께 지닌 보살은 만물을 평등하게 살리고 감싸줄 수 있다.

나와 너를 분별함이 없는 대지혜의 밝음이 대자비의 나

아갈 길을 가리켜 주기 때문에, 분별이나 이기심이 없는 행으로 중생을 향해 힘차게 나아갈 수 있는 것이다.

  보살에게 있어 밝은 지혜의 길과 뜨거운 자비의 길은 분명 둘이 아니다〔不二〕. 그래서 부처님께서는 밝은 지혜와 뜨거운 자비를 품고 중생이 사는 사바의 현장 속을 쉬지 않고 걸어 다니셨다.

  이제 우리는 대보살과 같은 태양은 못 되더라도, '움직이는 등불' 정도는 되어야 한다. 등불이 되어 '중생무변서원도衆生無邊誓願度'라는 위대한 서원을 완성해 가는 자비의 보살이 되어야 한다.

  이렇게 우리가 보살의 자비심을 품고 활약하게 될 때, 이 사바세계를 무대로 삼아 멋들어지게 사는 주인공이 될 수 있고, 이 땅의 불교는 대승의 깃발을 높이 들 수 있게 되는 것이다.

보살의 보시

보살의 세 번째 길은 '보시'이다.

보시布施의 반대말은 무엇인가? 탐욕貪欲이다.

탐욕은 나를 위해 이웃이나 남의 것을 빼앗으려고 하는 이기적인 악행이다. 나만 잘되면 중생과 세계는 어떻게 되어도 상관이 없다고 하면서, 나의 이익만 챙기는 것이 탐욕의 모습이다.

그러나 보시는 다르다. 나보다 남을, 나보다 이웃을 앞세울 뿐 아니라, 중생을 위해 나의 것을 아낌없이 주는 무아無我의 행위이다.

분별이 없는 반야지혜의 입장에서 보면 '내가 곧 중생이요 중생이 곧 나'이므로, 내 것과 중생의 것이 따로 있을 수 없다. 그러므로 참다운 보살의 보시는 '주는 나'와 '받는 너'와 '주어지는 물건', 이 세 가지가 완전히 청정한 상태에서 이루어진다. 이를 우리는 삼륜청정三輪淸淨의 보시라 하고, 무주상보시無住相布施라고 한다.

'내가 누구에게 무엇을 주었다'는 생각과 상相이 철저하게 없어진 상태에서 이루어지는 무주상보시, 햇빛과 같은 반야와 햇볕과 같은 자비가 바탕을 이룬 무주상보시야말로 대보살의 보시요 실천행이다.

많은 사람들은 복福을 추구한다. 오래 살고 부자가 되고 높은 자리에 오르고 원만하고 멋진 사람과 가정을 이루는 등의 복을 추구하면서 산다. 이러한 복들은 모두 자기중심적인 발상에서 나온 것이다.

그러나 보살들은 이러한 복에 머물지 않고 가장 고귀한 복을 향해서 걸어간다. 나를 위하는 삶에서 남을 위하는 삶으로 방향을 전환하여, '내 것을 주는 보시'를 행하면서 복을 닦는다.

얼마의 돈 때문에 가족과 친구의 목숨까지 빼앗는 험악한 세태에서, 남을 위해 내 것을 보시하는 것이 얼마나 어려운지는 누구나 다 안다. 특히 복을 탐하면서 살아가는 이 사바세계에서는 보시가 질투의 대상이 되기도 하고, 무주상보시의 복을 오히려 어리석게 여기는 이들도 있다.

그러나 진정한 평화는 나를 위해 남의 것을 빼앗는 싸움터에서는 찾아지지 않는다. 어찌 탐욕의 현장에서 평화를 바랄 수 있으리!

나와 사회의 평화는 남을 위해 나의 것을 보시하는 보살도를 통해서 이루어지는 것이며, 이것이 대승보살의 근본정신이다.

나의 복만을 추구하는 탐욕은 전도된 망상과 업만 증장시키지만, 보시의 복은 밝은 지혜를 더욱 밝게 하고, 따뜻한 자비를 더욱 따뜻하게 한다.

나는 출가 후 '금생에는 보살로 살겠다'는 다짐을 하였다. 그래서 보살의 자비실천행인 법보시法布施 · 재물보시財物布施 · 무외시無畏施를 나름대로 열심히 실천하여 왔다.

그런데 세속에 사는 불자들은 보시를 재물보시에 국한시키는 이들이 많이 있다. 돈 없으면 보시를 할 수 없다고 생각하는 것이다.

그러나 돈 없이도 할 수 있는 진짜 보시는 얼마든지 많다. 특히 부처님께서는 재물 없이 행할 수 있는 ① 사신시捨身施 ② 심려시心慮施 ③ 화안시和顏施 ④ 애어시愛語施 ⑤ 자안시慈眼施 ⑥ 상좌시上座施 ⑦ 방사시房舍施의 무재칠시無財七施를 적극 권장하셨다.

① 몸으로 베푸는 사신시捨身施를 요즘은 자원봉사라고 한다. 몸이 불편한 사람을 부축해 주고 목욕을 시켜 주고, 무료 점심공양에 동참하여 음식을 만들거나, 병원의 환자들을 돌보는 등 '나'의 육체를 이용하여 좋고 보람 있는 일들을 얼마든지 할 수 있다.

② 심려시心慮施는 다른 사람의 괴로움을 염려하고 배려하면서 그들의 행복을 온 마음을 다해 축원하는 것이다.
가령 법당에서 기도를 할 때면, 기도의 앞뒤에 '여기 모인 대중 모두가 불보살님의 가피를 입어 소원을 성취하여지이다'라는 축원을 해줄 수 있어야 한다.
나만이 가피를 입는 것이 아니라 모든 이들에게 가피가 임하도록 축원하는 마음을 가지면, 나의 행복과 성취가

훨씬 더 빨리 다가선다. 왜? 이것이 대우주법계의 원리이기 때문이다.

③ **화안시**和顏施는 '밝은 표정을 지으며 하는 보시'라고 풀이하는 이들도 있는데, 사실은 '밝은 표정 그 자체가 화안시'이다.

맑고 밝고 환하고 다정다감한 표정을 지으면 상대를 편안하고 평화롭고 해맑게 만들고 가까이 다가오게끔 만든다. 이 화안시 자체가 바로 진정한 보시인 것이다.

④ **애어시**愛語施는 '사랑의 말 베풀기'로, 사랑의 말이란 상대를 살리고 살아나게 하는 말이다. 상대를 칭찬하고 존중해주는 말, 상대의 좋은 점을 자꾸자꾸 일깨워주고 기를 살려주는 말, 서로를 화해롭게 살게 하고 진실을 나누는 말이 바로 애어이다.

⑤ **자안시**慈眼施는 꼭 눈웃음을 지으며 대하라는 가르침이 아니다. 늘 부드러운 마음과 자비심 가득한 눈길로 지켜보고 기다려주는 것이야말로, 소중한 베풂 중의 하

나인 자안시이다.

⑥ **상좌시**上座施는 말 그대로 내가 앉아 있던 편한 자리를 내주는 것으로, 버스나 전철에서 노인·임산부·어린아이에게 자리를 양보하는 것이 가장 쉬운 상좌시이다. 나아가 여행객에게 잠시 쉴 자리를 마련해 주거나 그늘을 제공하는 것 등도 돈 없이 할 수 있는 상좌시에 해당한다.

⑦ **방사시**房舍施는 잠자리를 제공하는 것으로, 요즘은 별로 중요시하고 있지 않지만 교통이 발달하지 않았던 옛날에는 실제로 큰 도움을 주는 베풂이었다.
　나는 우리 불자들이 이 무재칠시를 적극적으로 실천하기를 바라 마지않는다.

이상에서 살펴본 지혜·자비·보시 중에서 우리는 어느 하나도 제대로 갖추지 못하고 있다. 그러나 실망할 일이 아니다. 이기심을 버리고 내 마음을 열기만 하면 지혜가 생겨나고 자비심이 일어나고 보시의 마음이 싹트게 된다.

사람들은 나를 위하고 내 뜻이 이루어질 때 행복하고 평화로워진다고 생각하지만, 사실은 이기적인 나를 비우고 지혜와 자비와 보시의 길을 걸어갈 때 참으로 평화롭고 행복하고 자유로워지게 된다.

그리고 그 평화와 행복과 자유가 나 하나에서 그치지 않고 모든 이들에게로 널리 널리 퍼져 나간다. 하나의 등불이 수많은 등의 불을 밝히는 유마경의 무진등無盡燈 법문처럼….

이제 우리도 대승의 큰마음을 열어서 큰 수레에 올라 보자. 그리하여 능력껏 밝은 지혜를 기르고 따뜻한 자비와 맑은 보시를 실천해 보자.

나와 남을 함께 살리고 함께 깨어나는 보살의 길로 나아가면서, 지혜와 자비와 보시를 두루 갖춘 참된 보살이 되어 보자. 이 속에 진정한 해탈과 무진장無盡藏의 행복이 간직되어 있으니….

XII

보시가 수행이요 포교

천 년이 향기로운 덕인의 삶

奇草芳花 (기초방화) 진기한 풀들과 아름다운 꽃향기는
不逆風薰 (불역풍훈) 바람을 거슬러서 퍼지지 못하지만
近道敷開 (근도부개) 도를 닦아 피어나는 덕인의 향기는
德人逼香 (덕인핍향) 어느 곳으로나 두루 퍼진다네

봄이 오면 매화와 목련이 함초롬하게 피어, 그 빛깔과 향기를 뽐내기 시작한다. 산들바람에 실려 오는 매화 향이 코끝을 스치면 마음까지 향그러워진다.

그러나 바람 부는 반대편으로 가면 그 향기를 맡을 수가 없다. 향기는 바람을 타고 갈 뿐, 바람을 거스르지 않기 때문이다.

그렇지만 거룩한 마음씨와 덕스러운 행동은 사람들의 가슴 속에 고스란히 남을 뿐 아니라, 소문을 타고 멀리

까지 퍼져 나간다. 무엇으로 그 향기를 막을 수 있으리!
 부모가 자식에게 남긴 재산이나 명예는 후손의 능력에 따라 불어나기도 하고 줄어들기도 하지만, 생전에 우리가 쌓은 은덕은 이 법계에 영원토록 남는다. 그러므로 시간과 장소와 사람을 가리지 말고 덕을 닦아야 한다.

 착하게 살면서 가족과 이웃을 사랑하고, 어려운 이들에게 베풀어 보라. 자기에게 자비로 베푸는 이를 미워하는 사람이 어디에 있던가?
 이렇게 덕을 베푼 이는 외롭지가 않다. 모두가 가까이 하려고 모여들기 때문이다. 상대가 스스로 다가와서 감화되어 맞서려고 하지 않는다.

生未百年 死後千年
(생미백년 사후천년)

'사람은 백 년을 못 살지만, 천 년의 흔적을 남길 수 있다'는 뜻이다. 죽고 천년의 세월이 지나서도 남에게 원망을 사지 않는 삶을 살아야 잘 산 삶이 아니겠는가! 그래서 나는 자주 '천 년 바위가 되라'고 한다.

천 년이 지나도록 남에게 원망을 듣지 않고 덕이 있는 사람으로 기억되려면, 어떻게 해야 할까? 내 사정이 어떠하든지 남에게 보시를 하며 살아야 한다.

보시를 하는 그 마음 씀씀이는 돈이나 물질보다 훨씬 더 귀하다. 적다고 부끄러워할 것도 없고, 많다고 우쭐댈 것도 없다. 그냥 자꾸 베풀어서 몸과 마음에 익숙해지도록 하여야 진정한 덕행이 된다.

덕행德行은 특별한 것이 아니다. 보시와 교화가 덕행이다. 이 보시와 교화가 깨달음으로 나아가는 수행이요, 부처가 될 인연을 짓는 씨앗이 된다.

부처님께서는 우리의 삶 속에서 일어나는 욕심과 분노와 어리석음을 보시와 선정과 지혜로 바꾸어가는 것이 진정한 깨달음이라고 하셨다.

우리는 이러한 부처님의 가르침을 새기면서 부지런히 베푸는 보시의 삶을 살고자 노력해야 한다.

보시가 진짜 수행

보살의 삶에서 가장 중요한 덕목은 보시. 이 보시가 바로 수행이다. 진짜 수행이다.

이와 관련된 나의 출가 이야기를 잠깐 하련다.

내 어린 시절, 검은 모자에 누더기 옷을 입은 잘생긴 백양사 스님이 우리 마을로 탁발을 하러 온 일이 있었다. 무슨 인연인지, 맑고 섬세한 감정을 지닌 어린 나에게는 그 탁발승이 정말 멋진 사람으로 보였다.

그 당시에 우리 마을은 쉰 가구쯤 있었다. 나는 스님이 이쪽 집에 들렀다가 저쪽 집으로 갈 것이라 짐작하여 미리 그 집 앞에 가 있었다.

그때 스님은 목탁을 치면서 반야심경을 독송하였는데,

그 소리가 어찌나 듣기 좋았던지, '나도 저 스님처럼 출가승이 되고 싶다'는 생각을 했다.

　마침내 나는 고등학교를 중퇴하고 출가를 하기 위해 금산사로 갔다. 그런데 주지스님께서 '쌀 두 가마와 광목 한 필을 가져오라'는 것이었다.
　'집에서 몰래 도망쳐 나온 것도 힘들었는데, 어떻게 쌀과 광목을 마련할 수 있는가?'
　그야말로 큰 걱정이었다.
　그 무렵에는 잦은 흉년으로 배고픔을 면하고자 출가하는 사람이 많았다. 그러나 생계를 위해 출가한 이들은 열흘도 넘기지 못하고 절을 떠나곤 했다. 금산사 주지 월주스님은 그런 사람들을 막기 위해 먹을 양식과 옷을 지어 입을 천을 가져오라고 한 것이었다.
　그런데 그 말씀을 곧이곧대로만 들은 나는 아버지의 두루마기와 회색 나일론 바지를 몰래 챙겨 들고 다시 금산사로 갔다. 그날이 추석이었는데, 저녁 늦게 절로 돌아온 월주스님은 나를 받아주었다.

출가하여 수행자가 되었으면 공부를 해야 하고, 공부를 하고 나서는 바라밀을 실천해야 한다. 그러지 못한 출가자는 속가와 절의 두 집안에 함께 죄를 짓는 양가득죄兩家得罪의 죄인이 된다.

곧 승려가 되어 자식으로서 부모님을 봉양하지 못한 것이 하나의 죄요, 절에 머물면서 공부를 제대로 하지 않아 시주의 은혜를 저버리는 것이 두 번째 죄라는 것이다.

출가한 나는 바쁜 은사스님보다, 평생을 후학의 지도에 힘을 기울이신 금오金烏(1896~1968) 노스님의 가르침을 새기면서 살았다. 노스님은 늘 당부하셨다.

"자기의 주인공인 마음을 찾고, 본래 청정한 자신의 자리를 찾아라."

그래서 나는 일평생 동안 주인공을 찾고자 노력하였고, 오래 닦다가 보니 그 결론이 도출되었다.

그 결론은 '본래 청정하고 참된 주인공을 찾는 자리自利의 공부와 함께, 끊임없이 베푸는 이타利他의 삶을 행하여야 한다'는 것이었다.

나는 생각하였다.

"베푸는 이타의 삶이 무엇인가? 보시布施이다. 보시 중에서 법보시와 무외시無畏施를 실천하여, 다른 사람으로 하여금 '참다운 나의 삶'을 살도록 이끌어야 한다.

이러한 이타의 보시를 진심으로 행하게 되면, 능히 허망한 상相들을 뛰어넘어서, 마침내는 내 속의 여래를 볼 수 있게 되리라."

이렇게 나는 출가수행승이 된 내가 진정으로 해야 할 바를 정립하였다.

༄

불교의 자리와 이타행 중에서, 중생에게 덕행을 베푸는 자비의 실천은 이타행利他行이요, 자신을 향상의 길로 나아가게 하는 수행은 자리행自利行이다. 그리고 이타행의 대표격은 보시이다.

사람들은 보시를 복덕을 쌓고 업장을 녹이는 일쯤으로 생각하지만, 이 보시는 대승불교가 강조하는 가장 중요한 수행법의 하나이다.

불교의 근본교리인 팔정도八正道에서는 보시나 이웃에 대한 자비보다 개인적인 수행과 깨달음에 초점을 맞추고 있다.

그런데 대승불교는 다르다. 보시·지계·인욕·정진·선정·지혜의 육바라밀六波羅蜜과 보시·애어·이행·동사의 사섭법四攝法에서 보시를 첫머리에 두어, 보시가 대승불교를 특징짓는 근본 수행임을 잘 알 수 있게 하고 있다.

실로 중생과 하나가 되는 대승보살의 삶은 베풂과 나눔의 보시에서 출발한다.
이 보시는 크게 법시·재시·무외시의 세 가지로 분류되는데, 재시보다 법시를 앞에 두고 있다. 그 까닭은 법을 베푸는 것이 재물을 베푸는 것보다 더 중요하다는 것을 나타내기 위함이다.

① **법시**法施는 법, 곧 진리를 베푸는 것으로, 달리 말하면 포교이다. '어떻게 살아야 하는지'를 가르쳐주는 것이다.
흔히들 법을 어렵게 포장해서 이야기하고 있지만, '어떻게 살아야 하고 무엇을 위해서 살아야 하는지를 가르쳐주는 것'이 진짜 법이요 포교이다.
그러므로 단순히 경전을 읽어주고 뜻을 풀이해 주는

차원을 넘어서야 한다. 경전을 자기의 것으로 만들어서, 남들에게 쉽고도 편안하게 법을 전파하여 멋있게 살 수 있도록 이끌어주어야 한다.

② **재시**財施는 재물을 주는 것이다. 상대방에게 필요한 물질, 사람으로 살아가는 데 꼭 필요한 물질을 주면 된다. 하지만 욕심으로 달라고 할 때나 나쁜 짓을 하기 위해 달라고 할 때는 베풀지 말아야 한다. 사람을 그릇되게 만들어 버리기 때문이다.

그럼 돈 등의 물질을 주는 것만이 재시인가? 아니다. 몸으로 봉사하기, 마음으로 축원해 주기, 밝은 표정으로 대하기, 사랑의 말을 하기, 자애로운 눈길 보내기, 자리를 양보하기 등도 재물보시에 속한다.

③ **무외시**無畏施는 평화롭게 살 수 있도록 두려움과 공포를 없애주는 것이다. 마음이 불안하면 평화로움을 이룰 수 없다. 따라서 흔들림 없는 확고부동한 믿음을 갖게 해주는 것이 무외시의 초점이다.

각박한 현대 사회에서는 많은 이들이 불안과 두려움

속에서 살아가고 있다. 사랑과 관심으로 이웃을 대하는 무외시無畏施, 상대를 편안하게 해주고 두려움을 없애주는 보시가 매우 절실하다.

조선 중기의 서산대사께서는 '나와 남이 둘이 아닌 동체대비同體大悲가 참된 보시'라고 하면서, '없는 이가 찾아와서 구하면 능력껏 베풀어주라'고 하셨다.

그리고 금강경에서는 '무주상보시無住相布施'를 강조하고 있다. 왜 머무름이 없는 무주상 보시를 행하라고 하는가? 베풀고 난 뒤에 바라는 마음이 있으면 자기 자신이 구속당하고 괴로워지기 때문이다.

진정한 보시는 깨침의 행복을 얻는 길이다. 그러므로 걸림이 없다. 부처님께서 온 중생을 제도하시고 한 중생도 마음에 두지 않은 까닭이 여기에 있다.

자연의 생태계를 보라. 동식물들은 서로를 도우면서 삶을 이어 간다. 나비와 꽃, 악어와 악어새 등 수많은 생명들이 자신과 주변의 존재가 한 몸임을 알고 있는 것이다. 이것을 '위대한 공생'이라 표현한다.

사람도 연기緣起의 존재이다. 너와 내가 서로 인因과 연緣이 되어서 일어서는 존재이기 때문에, 더불어 살아갈 때에만 존재할 수 있다.

이 사실에 입각하여 보면, 보시는 인간의 의무이며 권리이다. 또한 보시는 이타행인 동시에 자리행이 된다. 마치 널을 뛸 적에, 상대를 높이 올려주어야 그 반동의 힘으로 내가 높이 오를 수 있는 것과 같이….

말세의 극복은 베풂에서

 흔히들 지금을 말법시대라고 한다. 말세라는 것이다. 사람들이 갈수록 영악해져 가고 잔악무도한 범죄가 기승을 부리고 있다. 또 세계 곳곳에서 전쟁과 테러가 끊이지 않으니 과연 말세로 여길 만하다.

 그렇지만 역사를 되짚어 보면, 인류는 지속적으로 발전을 거듭해 왔고, 인권에 대한 의식도 나날이 높아져 왔다.

 부처님께서는 말법시대를 시간적인 의미에 국한시키지 않았다. 그래서 이르셨다.

 "너희가 내 옷깃을 잡고 나를 따를지라도 정법을 행하지 않으면 나와 천 리를 떨어져 있는 것과 같고, 천 리를 떨어져 있더라도 정법을 행하면 내 곁에 있는 것과 같다."

이 말씀에서 우리는, 정법正法의 수행과 실천이야말로 부처님을 지금 이 땅에 머물게 하는 것이요, 정법의 실현이 부처님에 대한 참된 공양임을 알 수가 있다. 정녕 우리가 정법을 실천하지 않으면, 부처님과의 거리는 멀어질 수밖에 없다.

나는 2001년(61세)에 포교원장이 되어 5년 동안 종단 포교의 일선에서 일을 하였다. 또 종단에서 소임을 맡기 전에도 포교, 특히 군포교에 관심이 많았다. 그래서 지금까지도 군부대에 법문을 하러 자주 가고 있다.

내가 군포교에 관심을 기울이며 젊은이들에게 불교를 알리고자 애를 쓰는 가장 큰 까닭은, 젊은이들에게 불심을 심어주기에 가장 좋은 시기가 군 복무 기간이라 여기고 있기 때문이다.

그런데 젊은 군인들을 보면 믿음직스럽다기보다는 안타까운 마음이 앞서곤 한다. 우리 사회의 가정교육, 특히 사람과 사람을 이어주는 인성교육이 소홀하지 않았나 생각되기 때문이다.

집에서는 마냥 귀하게만 지내다가 상하 질서가 엄격한

군에 오면, 사실 그 체제에 적응하기가 쉽지 않다.

그래서 사람을 죽이거나 스스로가 죽는 총기 사건이 비일비재로 발생을 한다. 그러므로 집집마다 평상시에 자식들의 인격 형성에 좀 더 주의를 기울여야 한다.

그 힘든 기간에 듣는 진리의 말씀 한마디는 젊은이들에게 용기와 격려의 메아리가 되어 바른 삶을 이루고, 어려운 상황에 처하더라도 극단적인 선택이나 실책을 저지르는 일을 면할 수 있게 한다.

더욱이 이 백세시대에서, 이제 막 20세가 된 젊은 군인들은 앞으로 80년을 더 살아야 하는데, 언제까지나 부모가 해줄 것이라는 생각에 빠져 있으면 어떻게 되겠는가! 자기 인생에 대해 주인의식과 책임감을 가지고 살아가야 한다.

나는 이것을 가르치기 위해 여든이 넘은 지금까지도 이 군법당 저 군법당을 열심히 뛰어다니며 아주 적극적으로 군포교에 임하고 있다.

사회가 갈수록 분화되고 시스템화되는 과정에서 인간 소외 문제는 피하기 어려운 재앙이 되었다. 정신 질환을 않는 사람이 부쩍 늘고 있고, 그 때문에 개인과 사회가 함께 고통받고 있다.

내가 있는 완주 송광사도 정신 질환자 요양 시설인 정심원을 운영하고 있는데, 그곳에서 치료받고 있는 환자들을 보면 참 가슴이 아프다. 겉보기에는 멀쩡해 보이는데도 사람 구실을 온전히 하지 못하니, '이곳이 바로 아수라 세계가 아닌가' 하는 연민이 생긴다.

개인의 인격 몰락이 가정을 허물어뜨려서 결국은 가족 모두를 방황 속으로 빠져들게 만드는 악순환을 되풀이시키고 있다. 이러한 문제들은 물질만으로 해결할 수 없다. 정신적인 공황과 고독은 인간관계를 회복하는 일 말고는 치유책이 없지 않은가?

우리는 불법을 통하여 자기 수행을 하면서 이웃에 대해 더 많은 관심을 기울여야 한다. 21세기의 인류가 마주하고 있는 여러 문제를 근원적으로 풀 수 있는 해결책은 불교의 가르침이다.

이제라도 늦지 않았다. 우리 모두에게 닥친 위기를 극복하기 위해서, 포교에 적극적으로 임하여야 한다. 보시의 가르침에 의지하여 더불어 살아가는 세상으로 바꾸어 나가야 한다.

한쪽으로 치닫는 무한 경쟁과 이기주의, 자연 파괴의 끝이 어디일지가 심히 걱정스럽지만, 베풂의 포교를 포기하지 말고, 더 열심히 지상 불국토를 세우는 일에 힘을 써야 한다.

차근차근 인연 닿은 사람부터, 우리 지역부터 불교를 알게 만들어 주고, 불교의 인연법·연기법을 생각하게 하고, 자신이 지은 것은 틀림없이 돌려받는다는 인과의 이치를 깨닫게 해 준다면, 이 사회는 틀림없이 크게 달라질 것이다.

채우려고 하지 말라. 비우려는 자세와 베푸는 삶이 아니고서는, 자신은 물론 주변 사람의 행복도 보장받을 수가 없다.

부디 이 사실을 명심하고, 베푸는 보시와 깨달음을 여는 포교로 내 가정과 이 세상을 맑고 평화롭고 밝게 만들어 가기를 간곡히 간곡히 당부드린다.

나무마하반야바라밀.

제2부
본래 청정과 불교적 인간

제2부 〈본래 청정과 불교적 인간〉은 상좌 법진스님이 은사 도영스님과 평소 나눈 대화를 참고하여 재구성한 것이다.

초기 불교의 연기와 중도, 대승불교의 반야, 중관, 그리고 여래장, 중국 선종의 가르침이 모두 인간 본성이 본래 청정하다는 토대 위에 서 있으며, 중도와 바라밀 등 윤리적 실천을 통하여 열반을 이룬다는 내용을 담고 있다.

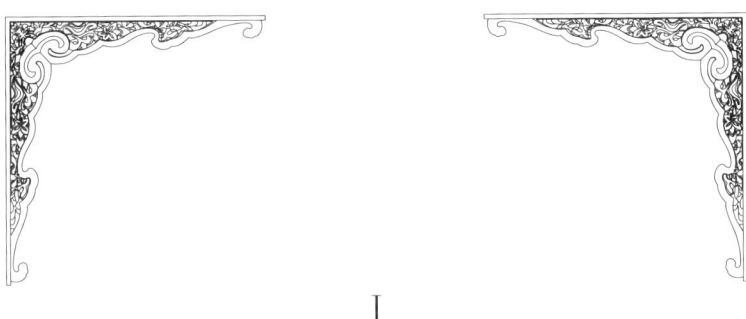

I

들어가는 글
어리석음인가 무한한 가능성인가

인간의 태생적 어리석음

<ruby>瞎<rt>할</rt></ruby><ruby>狗<rt>구</rt></ruby><ruby>吠<rt>폐</rt></ruby><ruby>苑<rt>원</rt></ruby><ruby>叢<rt>총</rt></ruby> 눈먼 개가 울창한 숲을 향해 크게 짖어대고
<ruby>盲<rt>맹</rt></ruby><ruby>人<rt>인</rt></ruby><ruby>唱<rt>창</rt></ruby><ruby>賊<rt>적</rt></ruby><ruby>虎<rt>호</rt></ruby> 장님이 '도둑 호랑이야'라고 외쳐댄다
<ruby>循<rt>순</rt></ruby><ruby>無<rt>무</rt></ruby><ruby>故<rt>고</rt></ruby><ruby>致<rt>치</rt></ruby><ruby>迷<rt>미</rt></ruby> 없는 것 쫓아가니 결국 미혹에 다다를 수밖에
<ruby>良<rt>양</rt></ruby><ruby>由<rt>유</rt></ruby><ruby>無<rt>무</rt></ruby><ruby>目<rt>목</rt></ruby><ruby>覩<rt>도</rt></ruby> 참으로 눈으로 보지 못한 데서 비롯된 것들이다

불교적 전통은 오랜 시간과 광범위한 지역에서 우리 세대까지 실로 다양한 방식과 내용으로 면면이 전승되어 오고 있다. 그 전통이 머물다 간 곳에는 시간과 공간을 특정할 것 없이, 일관되게 인간의 가장 근본적인 문제로 '어리석음'을 지적해왔다.

'어리석다'라는 말은 '태생적으로 알지 못한다,' 또는 나의 무관심과 노력 부족, 그리고 잘못된 애씀으로 인해 '미처 알지 못하게 되어 (일을) 그르치고 말았다.'라는 의미다.

우리가 살고 있는 이 환경에서 현재의 육신을 가지고 어지간히 노력한다 해도 알아차리기 쉽지 않은 불가피한 영역이 있다는 것을 의미하기도 한다.

중국의 우두법융牛頭法融(595-659) 대사는 인간의 미혹과 어리석음을 풍자적으로 지적하는 가르침을 특히 많이 남겼는데, 그중에서도 위의 게송은 인간의 어리석음을 꼬집어 지적하는데 시사하는 바가 크다. 인간은 어떤 연유로 어리석게 되었는가.

　눈먼 개는 눈이 가지는 시각적 기능을 사용하여 대상을 인지할 수 없으므로 불가피하게 다른 감각기관으로 대상을 알아차릴 수밖에 없다. 정상이라면 어렵지 않게 눈으로 사물을 직접 보고 판단할 수 있겠지만, 시각 능력을 갖추지 못한 개는 귀나 코, 피부 감각 등 다른 감각기관을 동원하여 불완전하게나마 나름의 방식으로 숲을 인지할 수밖에 없다. 그에게는 숲의 실체를 있는 그대로 알아차릴 능력이 부재한 것이다.
　시각장애인도 시각이 아닌 다른 감각으로 대상을 알아차려야 하므로 잘못된 판단을 내릴 가능성이 높다. 특히, 시각장애인에게 강박관념이나 공포감이 엄습해 올 때에는 그나마 감각기관의 기능마저 크게 위축되어 제대로 작동하지 않을 게 분명하다. 결과적으로, 아무런 위험 요소도 없는 상황이지만 그는 엉뚱한 판단을 내릴 수 있다. 그 결과 '호랑이다, 호랑이!'라며 터무니없이 외쳐댈 수 있는 것이다.
　위의 두 가지 사례는 온전한 감각기관의 부재가 낳은 것들로, 감각기관이 온전했더라면 일어나지 않았을 사례들이다.

　같은 맥락에서 인간의 어리석음도 세상을 정확하게 알아차리지 못한 데서 생겨난다. 감각기관의 기능이 제대로 작동하지 않았거나, 아니면 기관이 제대로 작동하였지만, 그것을 판단하게 하는 토대가 감각기관으로 받아들여진 정보를 왜곡시켰을 수도 있다.
　어리석은 중생은 늘 사실을 사실대로 받아들이지 않고 자기 나름의 방식으로 왜곡시켜 이해한다. '없는 것(無)을 따라가다가는 결국 미혹해질 수밖에 없는 것과 같이, 지혜가 없으면 도리를 그르치게 되고 결국에는 분별에 빠져 고통을 자초'하게 되는 것이다.
　이를 두고 불교에서는 '눈이 없어 또는 지혜가 없어 매사를 그르친다'라고 한다.
　법융대사는 이 게송을 통해 수행자들에게 자성(自性)의 밝은 눈을 뜨라는 경책과 함께 지혜 없는 분별은 결국 허망함에 머물게 할 뿐이라고 경고한다.

인간의 무한한 가능성을 조망한다

한편, 불교는 이와 사뭇 다른 입장에서 인간의 무한하고 온전한 가능성을 열어 보이기도 한다.

昨夜夢中頭頭佛 _{작야몽중두두불}	간밤 꿈속에서는 모두가 부처더니
今朝開眼物物薩 _{금조개안물물살}	이른 아침 눈을 떠보니 모두가 보살이구나
遠看窓外處處主 _{원간창외처처주}	창밖을 멀리 바라보니 곳곳마다 주인이니
春來初葉念念一 _{춘래초엽염념일}	봄이 와 새싹이 돋듯 생각 생각이 모두 한결같더라

깨달은 지혜의 안목으로 세상을 본다면 우리의 일상이 참으로 멋지고 평온할 것이다. 그리고 누구나 그런 삶과 인생을 꿈꿀 것이다. 그런 사람에게는 꿈속에서 우연히 만난 사람이라고 해도 하나 같이 다 부처님일 것이고, 눈 뜨고 나다니면서 만나는 인연들이 보살의 화현 아닌 게 없을 것이다.

자신의 경험과 기억(相)을 내려놓고 세상의 모든 대상(境)을 만나게 되면, 삼라만상이 하나의 예외도 없이 다 진리의 모습을 그대로 담아내고 있을 것이기 때문이다.

'나'라는 틀에 갇혀있지 않고 '법'이라는 보편성의 안목으로 세상과 만나게 되니, 법다운 안목 아닌 다른 마음이 나의 경계에 끼어드는 일이 없을 것이고, 그러다 보니, 부처나 보살마저도 나와 아무런 다름이 없는 것이다.

창밖의 모든 존재가 제각기 '주인공'이라는 말도 모든 중생이 본래 자성의 주인이며 청정한 불성에 바탕을 둔 존재라는 의미를 담고 있다. 모든 분별이 사라진 안목(無分別智)으로 참된 자리에 머물러 마음에 작용이 일어났기 때문이다.

봄이 오면 새로운 풀잎이 파랗게 돋아나듯, 분별을 떨쳐내면 진리의 모습 그대로가 온전히 그대로 드러나게 되는 것이다.

이러한 가르침은 동북아 지역의 대승불교 권에서 익숙하게 회자되는 선불교의 '즉심즉불卽心卽佛', '처처불 사사불處處佛事事佛'이나, 화엄의 '일체유심조一切唯心造' 등의 가르침으로 전해오고 있다. 현실과 꿈, 안과 밖, 하나(一)와 많음(多) 등 모든 분별이 결국 하나의 진실로 통한다는 것이다.

이러한 전통들은 모두 존재와 진리, 그리고 마음의 관계를 압축적으로 드러낸 것으로, 단순한 형이상학적 언명이 아니라, 수행자의 삶과 윤리적 태도에 직접 연결되는 교훈적인 것들이다.

 대승불교가 내놓은 모든 사유는 인간이 본래 지닌 마음의 청정성, 곧 본래 청정本來淸淨으로 회향되며, 이러한 청정성의 회복은 곧 불교 윤리성의 근거가 되는 것이다.

 '즉심즉불'은 인간의 마음이 곧 부처와 다르지 않음을 선언하는 선종의 핵심 주제어다. 마음이 본래의 청정한 것이었음을 알아차린 순간, 인간의 고통은 극복된다는 것이다.
 청정한 불성佛性을 알아차린 순간 고의 극복은 먼 미래의 결과물이 아니라 지금 여기서 가능한 현재적 실천임을 의미한다. 그러나 현실의 마음은 번뇌와 망상에 휩싸여 있다.
 그런데도 선불교는 번뇌가 본성이 아님을 강조한다.『열반경』의 '번뇌의 때는 본성이 아니다〔煩惱塵垢 非是本性〕'라는 것을 토대로, 수행이 새로운 청정을 창조하는 것이 아니라, 이미 청정한 본래의 마음을 회복하는 과정임을 명확히 하고 있다.

 "처처불 사사불"이라는 구절은 존재하는 모든 곳, 모든 사사로운 사물 속에 불성이 드러나 있음을 강조한다. 이 관점은 세계를 오염된 사바세계로만 보는 것이 아니라, 그 자체로 불국토적 의미를 지닌다고 보는 시각이다.

Ⅰ 들어가는 글 어리석음인가 무한한 가능성인가

이러한 가르침은 세계가 청정하다는 이해를 갖게 한다. 존재하는 모든 사물과 사건이 불성의 발현이므로 세상은 단순히 욕망의 대상이 아니라 존중과 공경의 대상이 되는 것이다.

따라서 '본래 청정'은 단지 인간의 내면적인 바탕을 가리키는 것이 아니라, 세계 전체를 청정한 진실의 장으로 보게 한다. 이것은 곧 개인이나 전체가 윤리적이어야 한다는 논리의 토대가 된다.

'일체유심조'는 '모든 법이 마음에 의지하여 건립된다.'라는 화엄의 가르침이다. 인간의 마음이 곧 세계를 구성하고 조망하는 관문이라는 것이다.

마음은 단순한 인식 기관을 넘어, 존재의 의미를 결정하는 주체로서 자리매김으로 자리 잡은 것이다. 마음이 인간의 윤리적 주체로 주목받음에 따라, 세상이 나의 마음이 짓는 대로 열린다는 것으로 확장되었다. 마음이 청정하다면 세계 또한 청정하게 드러나며, 마음이 탐욕과 분노에 물들면 세계는 고통과 분쟁으로 채워진다는 식이다.

마음의 청정을 회복하는 수행, 즉 개인의 내적 정화가 곧 공동체적 윤리의 실천으로 연결된다는 점에서 불교적 윤리성은 크게 정당화되었다.

이와 같이, 즉심즉불, 처처불 사사불, 일체유심조 등 대승불교의 가르침은 모두 '본래 청정'의 가르침과 맥락을 같이 하는 것이라고 이해되었다.

- 인간의 마음은 본래 청정하며, 번뇌는 덧붙여진 때일 뿐이다.
- 존재하는 모든 것은 청정한 불성의 발현이므로, 세계 또한 근원적으로 청정하다.
- 마음이 세계를 짓는 힘을 가지므로, 마음의 청정을 회복하는 것이 곧 윤리적 실천의 출발점이다.

불교 윤리성은 외부에서 강제된 규범이나 초월적 명령에서 비롯되는 것이 아니라, 청정한 본성으로 귀의하는 것에서 나온다. 자비와 보시, 계율의 실천은 '본래 청정한 마음'을 회복하려는 자연스러운 수행이고, 타인을 배려하고 세계를 존중하는 삶은 본래 마음의 성품을 드러내는 길인 것이다.

즉심즉불, 처처불 사사불, 일체유심조 등 대승불교의 가르침은 현실과 이상, 안과 밖, 하나와 많음 등의 분별을 넘어, 모든 것이 결국 하나의 진실로 돌아간다는 전제를 담고 있다. 그리고 이 하나의 진실이 바로 '본래 청정'이다.

그리고 이 본래 청정은 인간의 삶을 단순한 개인적 수행에 머물게 하지 않고, 타자와 세계에 대한 윤리적 책임으로 확장해 나가기를 요구하는 것이다.

　불교 윤리성은 억지로 지켜야 하는 규범이 아니라, 본래 청정한 마음이 관계와 세계 속에서 자연스럽게 확장되어 가는 길이다. 어울림 속에서 열리고, 열림 속에서 청정성이 드러나는 그 길이야말로 불교적 삶의 궁극적 지향, '불교적 인간의 길'이라 할 수 있다.

II

부처와 중생 사이

청정 자비심과 번뇌 삼독심

　인간은 본래 청정한 존재인가 아니면 욕망의 덩어리인가. 불교적 관점에서 인간을 진단할 때, '본연의 마음에는 어떤 오염이나 치우침, 끌림이나 경향성 등이 없이, 맑고 순수함 그 자체로 영롱하다'라거나 '인간은 본래 청정하다'라는 점이 주목된다.

　그렇다고 일상을 치열하게 살아가는 사람들에게 턱 없이 일어나는 욕망과 집착, 분노와 어리석음 등이 없다거나, 설사 있다고 하더라도 그 사람의 청정성의 변질에 별반 영향을 주지 못한다는 건 아니다. 오히려, 본래 청정성을 외면하고 망각한 채 욕망 등 삼독에 젖어 고통 속에서 살아간다는 것을 강조한 말이다.

　불교적 전통은 이 문제점을 바로 잡고자 '모든 중생은 본래 부처다'는 가르침을 내놓았다. 여기서 말하는 '본래 부처, 본래 청정'은 인간의 '근본 마음 바탕'이 깨끗하고 오염되지 않았다는 것을 말한다.

　불교적 전통에서는 인간의 본성을 정화되어야 할 오염물로 보지 않는다. 초기 경전에서부터 대승불교에 이르기까지 불교 사상사의 핵심에는 '본래 청정심淸淨心'에 대한 다양한 담론이 주류를 이뤄왔다. 인간이라는 존재의 근원이 '어리석다거나 탐욕적이지 않으며, 본연의 자리는 어떤 오염도 없는 맑음 자체다'라는 것이다.

불교적 전통의 모든 가르침은 '인간의 마음이 본래 청정하다'라는 전제를 바탕으로 하고 있지만, 무명無明과 탐욕, 성냄, 어리석음과 같은 삼독으로 인해 마음의 본래 청정성이 훼손되고 말았다고 이해한다. 즉, 본래의 마음은 깨끗하지만, 원인을 알 수 없는 번뇌가 청정한 마음의 한쪽에 자리를 꿰차고 들어앉아 결국에는 삼독의 작용이 인간의 삶과 인생을 좌지우지하고 말았다는 것이다.

따라서 수행이나 중도적인 삶을 살려고 노력하는 것, 또는 불교적 윤리를 바탕으로 삶을 살고자 하는 것 등은 이러한 삼독을 극복하고 본래의 청정성을 회복하는 과정인 것으로 이해해도 좋다.

그리고, 이 과정에 있고, 이 과정을 충실히 이행하려고 노력하는 인간을 '불교적 인간'이라고 한다.

본래 청정과 인간

 불교적 인간은 중도〔八正道〕의 가르침을 기본으로 하는 불교적 윤리와 가치를 바탕으로 삶과 인생을 가꾸어간다. 다시 말해서, 계정혜戒定慧 삼학三學을 실천하는 인간이 그들이다.
 '계'는 도덕적이고 윤리적인 생활을 하게 하는 것이고, '정'은 마음을 안정시키고 집중시켜 마음이 산란하지 않게 하는 다스리는 것이며, '혜'는 지혜를 발휘하여 사물의 본질을 직시하는 것을 말한다.
 이 세 가지는 독자적이지 않고 서로 밀접하게 연결되어 있으며, 인간 본래의 청정성을 회복해 가는데 반드시 필요한 방편들이다.

 불교적 인간이 가져야 할 삶의 자세 가운데 계율을 받아 지니는 것〔受持〕이 중요하다.
 '계'는 불교적인 인간이 삶 속에서 실천할 수 있는 가장 기본적이고 직접적인 윤리적 지침이다. 살생하지 않고, 도둑질하지 않고, 거짓말하지 않으며, 부정하게 행동하지 않고, 술이나 마약과 같은 정신을 흐리게 하는 것을 취하지 않는 것 등이다.

  이러한 행동들은 자신과의 약속을 지키는 것임과 동시에 타인에게 어떠한 위해도 주지 않는다. 이것이 바로 마음의 청정성을 회복해 가는 첫걸마다.

  '정'은 마음의 집중을 통해 내면의 혼란을 가라앉히고 본래의 맑은 마음을 드러내는 과정이다.
  참선 수행을 하다 보면, 맑고 고요한 자기의 본 마음과 마음속 어딘가 깊은 곳에 숨어 있던 잡다한 번뇌들이 스멀스멀 일어났다 사라지는 것을 경험하게 되는데, 본마음과 번뇌를 여실히 들여다보는 과정 속에서 진정한 마음의 고요와 안정을 찾아갈 수 있다.

  마지막으로 '혜'는 계와 정의 실천을 통해 얻어지는 삶의 바른 자세를 말한다. 인간과 사물, 그리고 현상에 대한 올바른 이해, 즉 모든 것은 영원하지 않으며, 상호 의존적일 뿐 독립된 것으로 존재한다거나 그것이 갖는 고유한 자아가 정해져 있지 않다는 불교의 핵심적 진리를 몸소 알아차리는 것이다.
  이러한 지혜를 통해 우리는 삶에서의 집착과 욕망을 내려놓고 본래의 마음이 가진 평화와 자유를 경험할 수 있는 것이다.

불교적 윤리는 내일이나 막연한 미래 또는 내생 언제쯤이 아니라 지금 이 자리에서 바로 실천할 수 있어야 한다. 현실 세계를 살다 보면 누구나 달콤한 유혹과 끝없는 갈등에 직면하게 되겠지만, 마음의 청정성을 회복하기 위해 지금 이 자리에서 치열하게 노력하는 것이야말로 참 행복의 길로 나아가게 한다는 사실을 알아야 한다.

현실의 삶이나 미래는 계획했던 바대로 이루어지지 않으므로 늘 불안하고 고통스러울 수밖에 없다. 그러나 인간은 본래 청정하며 그 청정함을 바탕으로 살아갈 가능성이 인간에게 열려 있으므로 인간이 윤리적이어야 하는 것이다.

칠불통게는 불교적 윤리를 함축적으로 지적하고 있다.

諸惡莫作(제악막작) 모든 악을 멀리하고
衆善奉行(중선봉행) 모든 선을 기껍게 실천하며
自淨己意(자정기의) 자기 마음을 맑게 하라
是諸佛敎(시제불교) 이것이 바로 부처님의 가르침이다

이는 불교 윤리의 정수를 담고 있는 것으로, 과거칠불過去七佛 모두가 공통으로 설한 법문이라는 의미에서 '칠불통게七佛通偈'라 한다. 일견하여 평범한 메시지 같아 보이지만, 막상 실천하려고 들면 그 한계의 끝을 가늠할 수 없을 정도다. '악'을 멀리하고, '선'을 널리 실천하며, '마음'을 깨끗이 하라는 불교적 윤리를 실천하는 삶의 핵심적인 교훈을 담고 있기 때문이다.

칠불통계가 보여주는 불교 윤리는 십악十惡, 삼독三毒(탐·진·치)과 같은 모든 악행의 근절로 시작한다.

첫째, 몸[身]을 사용하여 생명체를 죽이지 말고[不殺生], 타인의 물건을 훔치지 말며[不偸盜], 부적절한 성관계를 하지 말아야 한다[不邪婬].

둘째, 입[口]을 사용하여 진실이 아닌 말을 하여 다른 이를 속이고 해를 끼치지 말고[妄語], 한쪽에서 한 말을 다른 쪽에 가서 전하여 불화와 갈등(이간질)을 일으키는 언행을 하지 말며[兩舌], 교묘하게 꾸미거나 도리에 어긋나는 말을 하여 타인의 판단을 흐리게 하는 언행을 하지 말며[綺語], 거친 언어로 타인을 비난하거나 욕설하지 말아야 한다[惡口].

셋째, 마음[意]으로 무절제한 욕망을 꿈꾸거나, 자신과 타인에게 분노를 일으키거나, 인과를 무시하는 잘못된 사견을 갖지 말아야 한다.

두 번째로 강조되는 윤리로 적극적인 선의 실천을 요구한다. 이는 긍정적인 명령으로 십선행, 육바라밀 등 자비행과 같은 실천을 포함한다.

세 번째로 모든 행위는 마음에서 비롯되므로, 윤리적 근본인 마음을 청정히 할 것을 요구한다.

이러한 세 구절로 요약되는 가르침이 불교 윤리의 토대가 된 것이다.

이와 같은 윤리성을 바탕으로 살려고 노력하는 것이 수행이고, 인간 본연의 청정성에 대한 가능성을 믿고 윤리적인 삶의 태도로 살아가는 것이 삶을 의미 있고 가치 있게 만드는 핵심적인 요소가 된다는 것이다.

본래 가지고 있는 내면의 빛을 찾아가는 이 여정은 그 자체로 삶의 깊이를 점점 더해줄 것이다.

본래 청정으로 나아가는 길

 불교는 인간 존재에 대해 매우 긍정적이며 깊이 있는 통찰을 제공하는 다양하고 방대한 가르침의 묶음이다. 그 가르침 가운데 핵심이 '인간은 본래 청정하다'라는 것이다. 이는 단순한 도덕적 낙관이 아니라, 인간 내면의 본바탕이 순수하고 맑다는 불교적 존재론의 출발점이기도 하다.

 불교는 인간이 타자로부터 주어진 원죄의 멍에를 뒤집어쓰고 태어난 존재라고 보지 않는다. 오히려 인간 각자의 마음속에 해탈과 깨달음의 가능성이 배어있다고 본다. 이러한 전제는 인간에 대한 깊은 신뢰와 희망을 바탕으로 한다.

 불교가 내놓는 '청정성'은 단순히 도덕적 결백이나 사회적 순결을 말하는 것이 아니다. 그것은 존재의 본질, 마음의 본래 상태를 말한다.

 불교가 가르치는 마음은 그 본 바탕이 맑고 깨끗하지만, 탐욕〔貪〕, 분노〔瞋〕, 어리석음〔癡〕 등 세 가지 근본 번뇌로 오염되어 청정성이 은폐된 상태에 놓여있다고 본다. 마치 맑았던 호숫물이 어떤 연유로 흙탕물과 거품으로 변해버린 것처럼, 인간의 본래 마음은 세속의 욕망과 집착, 편견에 의해 오염되었다는 것이다.

이 오염은 본질이 아니라 조건에 의해 발생한 현상이므로 노력하기에 따라 얼마든지 벗겨낼 수 있다. 이것이 바로 불교에서 청정성 회복의 가능성을 '수행'이라는 방편을 동원하여 찾아 나서는 것이다.

이런 관점은 단순한 철학적 사유가 아니라 삶의 현장에서 바로 실천할 수 있는 윤리의 토대가 되었다.

즉, 인간이 본래 청정한 존재라는 전제는 단지 인간에 대한 긍정적 평가에 그치는 것이 아니라, 그러한 가치를 지향하며 살아가야 한다는 윤리적 요구인 것이다. 마음이 본래 맑고 자유롭다는 전제는 인간이 그러한 상태로 회귀할 수 있어야 한다는 필연적 과제이기도 하다.

따라서 불교적 인간관은 윤리적 실천을 적극적으로 요구하는 가르침인 것이다.

불교는 인간 존재에 대한 해명(존재론)과 그 인간이 어떤 윤리성을 삶 속에서 실천해야 하는가를 따로 구분하여 추구하지 않는다.

인간의 본래 마음이 청정하다는 사실은, 그 청정을 회복하고 유지하기 위한 노력을 의미 있는 삶의 방식으로 전환하기를 요구한다. 단순히 금욕적이거나 이상적인 삶을 권유하는 것이 아니라, 인간 존재 자체가 고귀하며, 그 고귀함을 일깨우기 위한 구체적인 방편이라는 것이다.

 이런 맥락에서 불교 윤리는 신비주의나 형이상학을 넘어선 실천적 가르침이라고 할 수 있다.

 현대인들은 어느 때나, 그리고 어디에서나 욕망과 경쟁으로 치열하지 않을 수 없고, 소외와 갈등으로 불안하지 않을 수 없다. 불안정한 정서와 불확실한 미래, 불투명한 관계 속에서 현대인들은 흩날리는 낙엽처럼 방향을 모르고 흔들리며 살아야 하는 처지에 있다.

 이러한 현실에서 불교의 청정한 마음에 대한 가르침은 단지 종교적 위안에 그치는 것이 아니라, 깊이 있는 삶의 방향성과 실천적 윤리의 기반을 제공해 준다. 보다 알찬 삶과 인생을 가꾸어가기 위해 인간의 본래 상태를 자각해야 하며, 그것을 윤리적 삶의 출발점으로 삼아야 한다.

 본래의 청정한 마음은 어떻게 이해되어야 하며, 이를 바탕으로 어떠한 삶의 방식과 실천의 의지를 지녀야 하는 걸까?

뿐만 아니라, 인간의 본래 청정성에 대한 불교의 가르침을 바탕으로, 인간은 어떻게 윤리적인 삶을 살아갈 수 있을까?

'본래 청정'에 대한 불교적 이해와 실천 가능성, 윤리적 원칙과 현대적 적용의 가능성은 어떻게 탐색되고 이해될 수 있을까?

'청정한 삶'이라는 이상이 현대인의 관점에서 어떤 실천적 함의를 가지는 것일까?

인간이 본래 가지고 있는 내면의 가능성을 확인하고, 그것을 일상에서 구현해 가는 여정은 어떻게 표준화될 수 있을까?

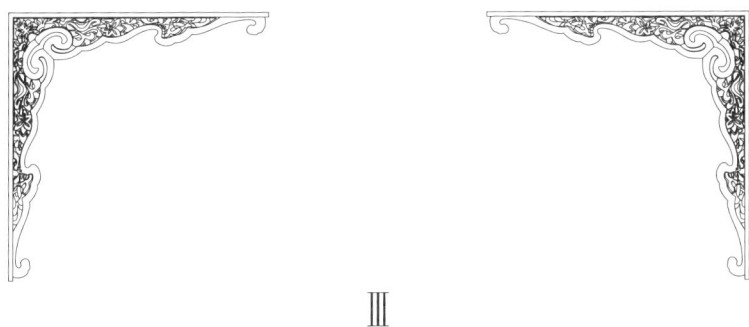

Ⅲ

청정성에 대한 불교적 담론

본연의 청정한 마음에 대한 불교적 견해는 많은 경전에서 반복적으로 해명되어 있다.

초기 경전에서부터 '본래 청정'에 대한 가능성은 분명하게 열려 있다.

『앙굿따라 니까야』에서는 '비구들이여, 이 마음은 빛나고 청정하다. 그러나 객진번뇌에 물들어 있다. 범부는 이를 알지 못한다. 따라서 수습되지 못한다.'라고 했고, '이 빛나는 마음은 번뇌로부터 해탈하면 해탈한 마음으로 인식된다.'라고 했다.

「두 가지 사유경」(『맛지마 니까야』)에서는 더욱더 분명하게 말하기를, '마음은 무엇을 사유하느냐에 따라 그것에 따라간다. 원래 마음은 청정하지만, 탐·진·치의 사유로 물들게 된다.'라고 했다.

이처럼 본래 청정한 마음이 삼독으로 인해 물들고 말았는데, 이에 대한 처방으로 『맛지마 니까야』는 '마음이 해탈 때문에 청정해지면, 그것은 광대하여 모두 집착에서 벗어난다.'리고 하거나, '마음이 무상한 법을 떠날 때 본래의 청정성이 드러난다.'라고 하여 해탈과 청정성 회복의 가능성을 열어놓았다.

대승 경전에서도 본래 청정에 대한 신념은 분명했다.

『유마경維摩經』에서는 '비구들이여, 마음은 본래 청정하다. 그러나 망상에 의해 더럽혀진다.'라고 했고,『승만경勝鬘經』에서는 '여래장如來藏은 청정하지만, 객진번뇌로 덮여 있을 뿐이다.'고 했다.

그리고『대반열반경大般涅槃經』에서는 '일체중생은 모두 불성을 지니니, 이는 본래 청정한 마음이다.'라고 하여, 마음의 본래 청정에 대한 신뢰를 더욱 추가하고 있다.

더욱이『금강삼매경金剛三昧經』에서는 '일체중생의 본성은 본래 청정하여, 부처님과 다르지 않다.'라고 하여, 본래 청정한 마음과 부처님, 그리고 중생의 마음이 추호의 다름도 없다고 단언했다.

이와 같이 초기 경전과 대승경전 모두 개인 심성의 바탕이 본래 청정하므로 일시적으로 오염된 오염물만 맑게 정화되면, 요란하던 외부 세계도 고요하고 평화로워질 것이라는 입장에 있다. 이는 불교적 심성주의의 핵심으로 마음이 원래부터 청정하다는 전제하에서 번뇌와 고통은 일시적 파도일 뿐이며, 수행을 통해 파도가 사라질 때 진정한 청정이 자연스럽게 드러난다고 보는 것이다.

후기 대승불교는 청정성을 '여래장如來藏'으로 이해한다. 여래장은 무언가로 존재하는 것이 아니라, 여래의 품성이나 인격인 불성을 인격화한 것이다. '장藏'은 감추어져 있다는 의미로, 본래 청정한 본성이 번뇌와 망상에 가려져 있어 드러나지 않고 있지만, 없는 것이거나 사라진 것이 아니라 항상 존재한다는 의미를 갖고 있다.

중국 선종의 가르침도 역시 인간의 본래 청정에 대한 믿음 위에 서 있다.

本來無一物 (본래무일물)	본래 한 물건도 없는데	
何處惹塵埃 (하처야진애)	어찌하여 티끌이 붙겠는가	『육조단경』

육조 혜능慧能(638-713)은 이 게송을 통하여 '본래의 마음'이 형상도 없고 집착할 대상도 없는 청정한 공적영지空寂靈知라고 가르쳤고, 마음이 본래부터 맑고 고요한 것이기 때문에, 그것을 '닦는다'는 것조차 결국은 '닦을 것이 없다'라는 가르침으로 우리의 귀를 때렸던 분이다.

근본불교에서의 마음

불교는 오랜 시간에 걸쳐 다양한 문화적 전통을 지닌 넓은 지역에 수용되고 응용되었다. 그러는 동안 불교는 다양한 신앙과 사상을 품어 안은 형태로 변모해 갔다. 이런 다양한 전승 가운데 팔리어 경전으로 전해지는 불교적 이해를 통상 '근본불교'라고 한다.

근본불교의 가르침은 '무상無常'·'고苦'·'무아無我' 등 세 가지 개념을 중심으로 인간을 간단없이 변화하는 존재라고 이해한다. 이러한 무상성과 고통 속에서 해탈을 추구해야 하는 인간의 과제는, 마음의 청정성을 회복하는 데 있다.

초기 경전은 인간의 마음을 정원에 비유했다. 정원은 아름답고 깨끗하고 시원한 그늘을 가지고 있지만, 사람의 손길이 닿지 않으면 이내 잡초가 무성하게 자라고 아름답던 정원수들도 자연 상태의 무질서로 돌아가고 만다. 그런 만큼 정원의 아름다움은 사라지고 대신 어지러운 무질서가 자리하고 만다.

탐욕[貪]·성냄[瞋]·어리석음[癡]의 삼독三毒이 잡초처럼 자리 잡게 되면 본래 고요하던 마음의 청정함과 고요함은 이내 욕망을 비롯한 삼독에 물들어 잡초밭이 되어버린다. 부처님은 이 삼독을 제거하고, 팔정도八正道를 통해 청정한 본래 마음의 상태로 돌아가는 가능성을 열어 보여 주셨던 것이다.

팔정도는 불교적 인간의 대표적 실천윤리인 중도로, 바른 견해[正見^{정견}], 바른 사유[正思^{정사}], 바른 언어[正語^{정어}], 바른 행동[正業^{정업}], 바른 생계[正命^{정명}], 바른 정진[正精進^{정정진}], 바른 마음 챙김[正念^{정념}], 바른 집중[正定^{정정}] 등 여덟 가지이다.

중도는 마음을 청정하게 일궈가는 불교의 대표적 윤리이자 대소승을 막론한 수행 지침이다. 여기서 중요한 점은, 인간은 '씻을 수 없는 죄를 태생적으로 안고 있는 존재'가 아니라, 반복된 노력을 통해 청정한 마음을 덧싸고 있는 삼독의 어두움을 걷어내고 청정해질 수 있는 주체라는 점이다.

앞서 언급한 바와 같이, 근본불교의 가르침도 후기 대승불교의 주요 개념 가운데 하나인 '본래 청정'이나 '여래장如來藏' 사상과 같은 '인간 본연의 바탕이 청정하다.'라는 개념을 애써 강조하였다.

'열반涅槃'이 '마음의 궁극적 평정과 해탈'을 의미한다고 하는 것도 같은 맥락이다. 열반은 모든 번뇌가 사라지고, 더 이상 생사윤회에 끌려다니지 않는 최고의 이상성을 개념화한 것인데, 인간이 본래 청정한 상태로 회귀할 수 있다는 가능성을 시사한다는 점에서 의미가 크다.

대승불교에서의 마음 : 불성과 여래장

불교적 관점에서 인간은 본래 청정하다고 하지만, 그것이 수행을 온전히 성취한 열반을 의미하지는 않는다. 청정한 본성을 회복하는 과정으로 다음의 세 가지 삼학은 시간 장소와 무관하게 실천되어야 한다.

① 계율의 생활화: 몸과 말, 마음을 다스리는 기초 수행. 청정한 본성을 해치지 않기 위한 방어적 장치이자, 윤리의 기반.
② 선정禪定의 수련: 마음의 흐름을 고요하게 하여, 가림을 걷어내고 본성을 직시하게 하는 내면 수행.
③ 지혜〔般若〕의 발현: 무상·무아·공空의 진리를 통찰함으로써, 모든 집착을 여의고 본래 청정을 자각하는 궁극의 깨달음.

『능엄경』에서는 '만약 능히 사물에 전환할 수 있으면 곧 여래와 같다〔若能轉物 則同如來〕.'고 하는 수행의 지침을 내놓았다. 본래 청정한 마음을 유지하면서 눈앞에 펼쳐지는 외부의 대상 경계와 온갖 인연, 그리고 자극에 휘둘리지 않는다면[能轉], 그러한 존재야말로 부처와 다르지 않다는 것이다.

일반적으로 중생은 '경계에 끌려다니는 삶[所轉]'을 살게 마련이다. 익숙한 경계는 집착하고, 생소한 경계에는 분노하며, 중립적인 경계에는 특별한 입장 없이 무명으로 반응하는 것이다.

그러나 마음을 돌이켜 본래 청정을 확인하면, 경계에 휘둘리지 않고 오히려 경계를 다스리는 주체적 삶을 살게 되는 것이다. 더 이상 외부 경계[外物]에 예속되지 않고, 경계 속에서 마음을 전환해 본연의 평등성에 상당하는 마음으로 왜곡 없는 삶을 살라는 것이다.

다시 말해서, 경계를 떠나지 않고 경계 속에서 마음을 전환하기만 하면 그 자리가 여래의 자리라는 것이다.

불교는 번뇌를 본성 자체의 일부분으로 보지 않고, 본래 청정한 마음 위에 덧입혀진 허상이라고 이해한다.

'마음은 밝게 빛나고 청정하나 객진번뇌로 더럽혀져 있을 뿐이다[本心光明 客塵所染].'라는 것이나 『열반경』의 '번뇌의 때는 본성이 아니다[煩惱塵垢 非是本性].'는 말은 대승불교의 '본래 청정'을 적극적으로 표현하고 있다.

탐·진·치 등 번뇌가 본래 마음의 청정성을 덮고 있는 먼지·때와 같은 것이어서 인간의 본성을 흐리게 할 뿐 오염시키지는 못한다는 것이다.

대소승 등 모든 불교적 전통은 번뇌가 본성이 아님을 강조함으로써, 누구나 수행을 통해 본래 청정을 회복할 수 있다는 가능성을 열어놓았다. 그리고 불교적 인간은 '본래 갖춘 청정성'을 회복하는 수행을 생활화하고 있어야 한다.

그러한 전통은 후기 대승불교에 이르러 '본래 청정' 사상을 여래장如來藏 사상으로 개념화하여 번뇌는 덮개일 뿐, 그 속에는 청정한 여래장이 항상 깃들어 있다고 주장하기에 이르렀다.

많은 대승불교 전통은 근본불교보다 더욱 분명하고 선명하게 인간이 '본래 청정'하였다는 개념을 재천명해 나갔다. 이 가운데 대표적인 것이 '여래장如來藏'이다. 여래장이란 '여래의 씨앗', 즉 모든 존재의 내면에 본래 존재하는 깨달음의 가능성, 청정한 본성을 인격화한 개념이다. 『능가경』이나 『대승기신론』 등과 같은 경전에서는 여래장이 인간의 본래 마음이며, 모든 중생이 본래 부처임을 논증하고 있다.

여래장 사상은 인간이 회복해야 할 청정성에 대해 절대적인 신뢰를 보여준다. 인간은 태생적으로 죄인이었다거나 뭔가 결핍된 열등한 존재가 아니라, 오히려 부처의 가능성을 지닌 존엄한 존재라는 것이다.

여래장은 중생의 마음속에 무명과 번뇌로 덮여 있어 드러나 있지 않을 뿐이다. 그러므로, 적절한 수행을 통하기만 하면, 번뇌의 덮개와 오염을 말끔히 씻어내고 여래장을 온전히 회복할 수 있는 것이다. 이 점에서 대승불교는 '불성을 발견하는 여정'으로서의 수행을 강조한다고 할 수 있다.

『화엄경』에서는 '모든 중생은 예외 없이 불성을 가지고 있다〔一切衆生 悉有佛性〕.'는 전제를 바탕으로 차별 없는 중생 구제와 보살행의 토대를 마련하였다. 인간은 본래 청정하고 존귀한 존재이므로, 남을 돕고 자비를 베푸는 것이야말로 자기 본성에 충실한 삶이라는 것이다. 이는 인간이 윤리적으로 살아야 한다는 대승불교의 강력한 기반이 되었다.

중국 선불교에서의 마음 : 즉심즉불

선불교는 대승불교 초기의 반야사상과 후기의 여래장 사상을 바탕으로 불교 윤리를 실천해 가는 중국적인 방식이다. 이는 선불교가 '즉심즉불卽心卽佛,' '마음 그 자체가 곧 부처'라는 중국적 이해를 바탕으로 하고 있다는 점에서 분명하다.

중생의 마음속에서 따로 부처를 찾을 필요가 없으며, 현재의 마음을 있는 그대로 직시하고 깨달음으로 나아가는 것이 수행의 핵심이라는 것이다.

달마 스님은 '글자에 의지하지 않고, 경전의 가르침 밖에 따로 전하는 법이며, 곧바로 사람의 마음을 가리켜, 자기의 본성을 보아 부처가 되게 한다〔不立文字 敎外別傳 直指人心 見性成佛〕.'라고 하여, 문자나 언어에 의지하지 않고, 마음을 직시하여 본성을 깨달음으로써 부처가 된다고 가르쳤다.

여기서 '견성見性'은 본래 청정한 자성을 자각하는 일이다. 선불교의 수행은 본래의 청정한 자성을 직접 체험하는 것, 즉 청정한 마음으로 일상을 살아가는 실천적 가르침인 것이다.

선불교는 일상과 수행을 서로 다른 것으로 구분하여 이해하지 않는다. 잠자리에 들고, 마당을 쓸고, 밥을 짓고, 물을 긷는 모든 일상의 삶 속에서 우리는 본래의 청정한 자성을 마주할 수 있다고 본다.

이 점에서 선불교는 어떤 자세로 어떤 가치를 지향하며 일상을 살아갈 것인가에 대한 윤리적인 대안과 번뇌의 오염을 모두 벗어난 반야의 깨달음이 서로 다르지 않고 오히려 동일한 것이라고 이해하였다. 청정한 마음이 특정한 시간과 장소, 환경에서만 드러나는 것이 아니라, 우리가 살아가는 현실의 매 순간, 삶의 모든 국면 속에서 드러나야 한다는 것이다.

특히 중국 선종은 중생의 마음과 깨달음을 이론보다 수행이라는 실천과 직관 중심으로 재구성하였다.

선종의 수행은 '중생의 마음'을 출발점으로 삼으며, 그 마음이 이미 깨달음의 가능성을 내포하고 있다는 대전제를 가지고 있다. 다시 말해, 수행은 새로운 경지에 도달하는 것이 아니라, 이미 있는 본래의 청정한 마음을 회복하는 일이라는 것이다.

중국 선종의 핵심적인 가르침은 중생의 마음이 본래 청정한 자성이라는 '즉심즉불卽心卽佛(마음이 바로 부처다)'에서 찾을 수 있다. '중생의 마음이 곧 부처의 마음'이라고 선언함으로써,

인간 존재의 심층에 있는 자성이 오염되지 않고 항상 청정하다는 전제를 계승하고 있다.

마조도일馬祖道一(709-788)도 '마음이 곧 부처다〔卽心卽佛즉심즉불〕'라고 하였고, '평상심이 바로 도이다〔平常心是道평상심시도〕'라고 하여 중생의 번뇌가 마음의 그림자일 뿐, 마음의 본질은 아니라고 가르쳤다.

이들은 『열반경』의 '번뇌의 때는 본성이 아니다〔煩惱塵垢번뇌진구 非是本性비시본성〕'라는 것과 맥락을 함께 하는 것들이다.

중국 선종禪宗에서 육조 혜능 스님이 '마음은 본래 한 물건도 아닌데, 어느 곳에 번뇌의 티끌이 있겠는가〔本來無一物본래무일물 何處야진애惹塵埃〕.'라고 한 가르침도 후기 대승불교의 『열반경』의 가르침과 맥을 같이 하는 것이다. 중국 선종의 '견성성불見性成佛' 사상은 곧 본래 청정 사상의 중국화 산물이라고 볼 수 있다.

중국 선종에서 방편으로 내세우는 선 수행은 마음을 변화시키는 것이 아니라, 본래의 마음을 드러내는 방편이라고 볼 수 있다.

육조혜능은 『육조단경』에서 '무념으로 종을 삼고, 무상으로 체를 삼으며, 무주로 근본을 삼는다〔無念爲宗무념위종 無相爲體무상위체 無住爲本무주위본〕'라고 하여 수행의 세 가지 지침을 제시하였다.

이 '무념', '무상', '무주'는 마음에 어떤 전제도 없이 텅 비어 대상에 모든 집착이 끊어진 상태를 말한다. 선종에서의 수행은 특별한 의식이나 고행이 아니라, 일상 속에서 본래의 마음을 자각하는 일이며, 본래의 청정을 회복하는 여정일 뿐, 청정을 새로이 만드는 과정이 아닌 것이다.

한 걸음 더 나아가, 선종의 가르침은 번뇌조차도 본성을 드러내는 길이 될 수 있다고 여긴다. 즉, 번뇌를 제거의 대상으로만 보지 않고, 번뇌를 갖고서도 깨달음을 얻을 수 있다는 가능성을 열어 놓았다. '마음이 바로 부처이다〔卽心卽佛(즉심즉불)〕.'는 주장은 청정심을 어느 특정 상태로 제한하지 않고, 모든 현상 가운데서 그 맑음이 여전히 작용하고 있다는 것을 강조하는 말이다.

중국 선종에서는 '깨달음〔悟(오)〕'을 '견성見性'이라고 하였다. 이는 '자성自性을 알았다〔見(견)〕'는 의미로, 수행을 통해 외부 경계를 끊고 '본래 마음을 있는 그대로 자각하였다'는 말이다. 마조도일 선사의 '평상심시도平常心是道(평상심이 곧 도다)'라는 가르침도 깨달음이 특별한 체험이 아니라, '지금 이 마음을 바로 보는 것,' 그 자체라는 점을 강조한 말이다.

깨달음은 도달해야 할 목표가 아니라, 본래부터 있었던 마음을 '바르게 보는 눈'을 회복하는 것이다. 선종에서 흔히 사용하는 '견성성불見性成佛'은 이 같은 통찰을 말하는 것이다.

이와 같이, 중국 선종에서 수행은 중생의 마음을 부정하거나 억압하는 것이 아니라, 그 안에 본래부터 존재하는 청정성과 자각의 가능성을 드러내는 데 목적이 있었다. 이 점에서 선종은 인간에 대한 깊은 신뢰 위에 세워진 불교적 인간의 수행 전통이라 할 수 있다.

선종 수행은 현실과 맥락을 달리해야 이해될 법한 초세간적인 도를 구하는 것이 아니라, 지금 이 마음을 바르게 보고, 듣고, 살아가는 실천인 것이다. 그 실천 속에서 수행자는 점차 '무심의 마음', 곧 본래의 청정한 본성을 알아차리게 되는 것이다.

IV

마음 청정의 길과 수행

수행의 본질과 청정의 길

본래 청정한 마음인 불성佛性 또는 여래장如來藏을 회복하는 방편으로 불교가 제시하는 수행법은 사람이 다양한 것만큼 실로 다양하게 많다. 그 가운데 우리에게 익숙한 대승불교 전통에서는 다음의 세 가지 전통을 중시한다.

첫째로 보살행菩薩行을 실천함으로써 번뇌를 소멸할 수 있다는 태도다. 보시를 실천함으로써 탐심을 녹이고, 인욕함으로써 성내는 마음을 누그러뜨리며, 선정 수행으로 마음의 산란을 멈추게 하는 것 등이 그것이다.

둘째로, 자비慈悲 수행을 들 수 있는데, 번뇌의 핵심인 '자기 집착'을 극복하기 위해 '내가 남과 다르지 않다'라는 정신을 가질 필요가 있다. 타인에 대한 자비행은 자기 본래의 청정을 거울처럼 드러내는 길이기도 하다.

셋째로, 지혜(般若)의 관행觀行을 들 수 있다. 모든 법이 공空함을 통찰하면, 번뇌가 실체가 아님을 알게 된다는 것이다.

불교의 수행은 본래 청정한 마음을 회복해 가는 방편이다.

이 점에서 불교적 인간의 삶과 수행은 외부에서 선언적으로 강요되는 계율에 따라 자신의 행동을 억제하는 것이 아니라, 오히려 자기 내면의 본성을 회복하고, 번뇌와 무지로 인해 뒤덮인 진실한 자아를 드러내는 데 있다.

그러다 보니, 불교가 내놓은 수행법은 다양한 전통만큼이나 다양한 것들이 있다. 대표적으로는 계율·명상·지혜를 통합한 삼학三學, 그리고 대승불교에서 발전된 보살행, 선불교의 간화선 수행, 정토발원 등 실로 다양한 것들이 있다.

이러한 수행법은 모두 마음의 작용과 흐름을 정화해 준다.

예를 들어, 오계五戒나 팔정도와 같은 초기불교의 계율이나 실천윤리는 단순한 금지가 아니라, 자신을 스스로 해치지 않고 타인을 해치지 않기 위한 '청정의 길을 안내하는 길라잡이'라고 볼 수 있다. 즉 우리의 행동과 말, 생각을 점검하고 다듬어 갈 수 있는 충실한 안내자인 것이다.

계율을 지키며 살고자 하는 노력 속에서 외면적으로는 질서를, 내면적으로는 고요함을 가져올 수 있다. 번뇌가 사라진 자리에서 청정한 본성이 드러나도록 하는 토대가 되기 때문이다.

명상은 초기불교로부터 선불교에 이르기까지 일관되게 강조하는 수행 방편이다. 앉아서 숨을 고르고, 일어나는 생각을 응시하며, 욕망이나 분노 같은 감정을 관찰하는 과정에서 개인들은 자기의 본래 청정한 모습을 찾아가는 열쇠를 발견하게 되는 것이다.

이때 중요한 것은 감정이나 생각을 억누르거나 없애려고 하지 말고, 대신 그것들을 있는 그대로 관찰하고 통찰하는 데 있다. 관찰과 통찰이 깊어질수록, 우리는 본래의 마음이 얼마나 고요하고 평온한 것인지를 체험하게 되기 때문이다.

지혜(반야)의 길은 이러한 명상의 실천을 통해 열린다. 초기 대승불교의 핵심 개념인 '반야般若'는 지혜를 통해 무명無明을 극복하고, 모든 존재가 서로 의존하여 존재한다는 연기緣起의 이치를 분명하게 알 수 있게 한다.

이 반야는 삶의 고통과 집착을 없애 주는 힘이며, 불교 윤리의 핵심 동력이다. 지혜를 통해 존재의 덧없음과 자아의 허상을 꿰뚫어 볼 수 있을 때, 청정한 본연의 마음과 만남이 비로소 가능해지는 것이다.

불교적 윤리와 청정성 회복

 불교가 지향하는 청정한 마음은 단지 개인의 평화나 깨달음의 성취를 위한 목적이 아니라, 사회적, 윤리적 실천으로 나아가는 출발점이어야 한다.
 마음이 청정할수록 우리는 타인을 더 깊이 이해하고 연민하며, 세상과의 관계를 올바르게 정립할 수 있다. 청정한 마음은 자비의 마음으로 확장되며, 이는 곧 모든 존재와 더불어 함께 사는 삶을 가능하게 하기 때문이다.
 대승불교는 이 점을 명확히 지적하고 실천할 것을 요구한다. 자비심을 바탕으로 한 보살행은 자신만의 해탈이 아니라, 모든 중생의 고통을 함께 느끼고 그들을 위해 수행하는 길이다. 이는 곧 윤리적 실천의 길임과 동시에, 불교적 청정성이 이웃하는 공동체와 긴밀히 연관된 바탕 위에서 실천되는 가치이다.

 현대 사회는 타인에 대한 무관심, 탐욕에 기초한 경쟁, 환경 파괴 등 다양한 윤리적 위기에 직면해 있다. 이러한 현실에서 불교가 말하는 본래 청정한 인간관은 새로운 삶의 가능성을 제시할 수 있어야 한다. 인간은 근본적으로 청정하다는 믿음은, 단지 이론적 주장이 아니라 행동의 지침인 것이다.

  인간이 자기 내면을 돌아보고, 그것을 바탕으로 윤리적 삶을 실천할 수 있다면, 우리는 더 나은 사회를 향한 첫걸음을 내디딜 수 있을 것이다.

V

불교적 인간과 윤리적 실천

청정성의 회복과 윤리적 삶

 불교가 지향하는 가장 이상적인 인간, 즉 불교적 인간은 불교적 가치를 바탕으로 살아가는 인간이다. 그들의 윤리적 삶의 규범은 단순히 강제적인 법과 규범을 지키는 것에 머물지 않고, 인간이 본래 가지고 있는 청정한 본성을 실현해 나가는 삶의 방식에 회향할 수 있어야 한다.
 즉, '착하게 살아야 한다'라는 교훈적인 차원을 넘어, 존재의 본질적 순수함을 되찾기 위한 근본적 실천으로서의 윤리여야 한다.
 이 윤리는 타인을 억압하거나 규율하는 도구가 아니라, 자발적 성찰과 책임을 기반으로 한다. 인간은 본래 맑고 순수한 존재이며, 그 본성을 회복할 가능성과 의무를 동시에 함께 가지고 있기 때문이다.

 현대인들에게 윤리는 종종 타율적이고 형식적인 도덕률에 집착하는 것쯤으로 이해되는 경우가 많다. 그러나 불교 윤리는 전적으로 자각과 통찰, 그리고 자비심에 기반하는 것이므로, '무엇을 해서는 안 된다.'라는 소극적인 금지 방식이 아니라, '어떻게 살아야 인간답게 살 수 있는가?'라는 적극적인 물음에 대한 응답이어야 한다.

　윤리적 삶은 자기중심적인 이기심을 넘어, 존재 전체와의 관계 속에서 조화를 이루는 삶의 방식이다. 이 지점에서 불교윤리는 인간의 청정성을 믿고, 그것을 사회적, 실천적으로 구현하고자 하는 이상을 추구한다. 이러한 사람됨을 '불교적 인간'이라고 한다.

　불교적 가르침으로 이해된 인간은 단순한 생물학적 존재나 사회적 주체가 아니다. 불교적 인간관은 무아無我·연기緣起·자비慈悲·지혜〔般若(반야)〕 등 네 가지 바탕 위에 서 있어야 한다.

　첫째, 불변의 실체가 없는 존재라는 무아無我의 바탕에 서 있어야 한다.

　불교에서 인간은 고정된 실체나 영원한 자아를 가진 존재가 아니다. '나'라는 존재는 오온五蘊(色(색)·受(수)·想(상)·行(행)·識(식))이 모여서 이루어진 임시적 조합물일 뿐, 실체적 자아는 없다는 것이다.

　그래서 『법구경』에서는 '일체 법에는 자아가 없다〔一切法無我(일체법무아)〕'라고 했다.

불교적 인간은 '나는 영원하다'거나 '절대적으로 홀로 독립된 주체'라는 집착에서 벗어난 존재이다. 이는 관계성에서 찾아지는 존재론이자, 아무리 심한 집착과 고통이라도 관계성의 고리를 풀어내면 그곳에서 벗어날 수 있다는 바탕이 된다.

둘째, '나는 관계 속에서 연기緣起적으로 존재한다.'는 것이다.

불교는 인간을 '관계적 존재'로 이해한다. 연기법緣起法은 '이것이 있으므로 저것이 있고, 이것이 사라지면 저것도 사라진다'는 것으로, 인간 존재를 상대성과 상호 의존성으로 해명한다.

이런 맥락에서 『중아함경』에서는 '이것이 있으므로 저것이 있고, 이것이 생하므로 저것이 생한다〔此有故彼有 此生故彼生〕'고 하였다. 인간 존재를 포함한 모든 현상이 상호 의존적으로 성립한다는 것이다.

통상적으로 인간에 대한 기본적인 이해는 신체적·심리적·사회적 측면 등 세 방면에서 검토될 수 있다.

인간의 육체는 부모로부터 받은 유전적 요소와 음식과 환경, 사회적 조건을 통해 형성된다. 몸은 '나'의 것이 아니라, 나를 형성하는 수많은 조건들이 모여 잠시 형성된 가합假合에 불과하다. 마음과 의식도 독립적으로 성립하지 않는다. 언어·문화·교육·관계를 통해 형성되며, 이는 곧 심리적 자아 역시 연기적 산물이다.

그리고 인간은 철저히 사회적 존재이다. 개인의 생존은 공동체와 제도의 틀을 떠나 불가능하다. 따라서 인간은 본질적으로 '함께 있음〔共存〕'의 존재라고 볼 수 있다.

모든 존재에 독립적이고 영속적인 자아는 존재하지 않는다. '자아'라는 관념은 다만 신체적, 심리적, 사회적 조건의 집합체일 뿐이다.

이와 같은 무아의 통찰은 인간으로 하여금 집착과 아집에서 벗어나도록 하고, 동시에 타자의 고통을 자기의 고통으로 여기는 자비慈悲의 실천을 가능하게 한다. 인간을 연기적으로 이해함으로써 다양한 위기 상황을 극복할 수 있는 통찰을 제공한다.

생태적으로 인간은 자연과 불가분의 관계 속에 있다. 자연을 파괴하면 인간의 삶 또한 위협받는다. 따라서 연기적 사유는 생태 윤리의 근거가 된다.

사회적으로도 개인의 자유와 행복은 사회적 조건 속에서만 가능하다. 사회적 약자의 고통을 곧 사회 전체의 고통으로 받아들여야 한다. 나의 행위는 나만의 것이 아니라 전체 속에서 생겨났기 때문이다.

불교의 연기론은 인간이 독립적 자아가 아니라 조건과 관계의 망 속에서만 존재하는 연기적 존재임을 드러낸다. 이러한 연기적 인간 이해는 곧 무아의 지혜와 자비의 실천으로 이어지며, 현대 사회의 생태·윤리·공동체적 위기에 대응할 수 있는 중요한 철학적·종교적 토대가 된다.

결국 불교적 인간은 관계 속에서 성립하고, 관계 속에서 책임을 다하는 존재라 할 수 있다.

셋째, 타자의 고통에 응답하는 자비심慈悲心이 있어야 한다.

나는 나를 형성하고 있는 많은 것들과의 관계 속에서 존재하기 때문에 '나'를 구제한다는 것은 전체와 연결되는 구제여야 한다.

나에 대한 자비가 나를 형성하는 모든 것들에 대한 자비이기 때문에, 불교적 인간은 모든 중생의 고통을 함께 짊어지려는 자비의 인간이다. 자신만의 해탈을 추구하는 것이 아니라, 타자와 더불어 깨어나려는 존재인 것이다.

그래서 『보살계경』에서는 '모든 중생을 대신하여 내가 한량없는 고통을 받기를 원하노라〔願代一切衆生 受無量苦〕'라고 했다.

넷째, 불교적 인간은 본질을 통찰하는 지혜(般若^{반야})가 있어야 한다.

불교적 인간은 단지 착하고 자비로운 존재가 아니다. 그는 현실의 본질을 꿰뚫어 보려는 '지혜로운 존재'여야 한다. 이 지혜는 무상無常·무아無我·고苦·공空이라는 존재의 구조를 직시함으로써 생겨난다.

그래서 『반야심경』에서는 '오온이 모두 공하다는 것을 비추어 보고 모든 괴로움을 이겨낸다(照見五蘊皆空 度一切苦厄^{조견오온개공 도일체고액})'라고 했다.

지혜로운 인간은 삶의 불확실성과 고통의 원인을 직시하고, 거기서 벗어나는 길을 실천해 나갈 수 있어야 한다. 이는 이성적 사유만이 아니라, 마음의 훈련과 명상, 실천을 동반한 통찰을 통해서 갖추어진다.

이와 같이 불교적 인간은 무엇보다도 무아의 진리를 수용하고 자아에 집착하지 않으며, 연기를 통찰할 수 있어야 한다. 동시에, 타인의 고통이 나의 고통과 다르지 않음을 알아 무한한 연민과 자비를 가지며, 중생들과 깨달음의 길을 함께 가고, 반야의 지혜를 갖추어 괴로움의 본질을 이해하고, 마침내는 해탈을 실현하는 존재여야 한다. 그리고 고정된 본질이

나 역할에 갇히지 않으며, 끊임없이 자신을 돌아보고 깨어 있는 자로 살아가야 한다.

이와 같은 존재상이 바로 불교가 제시하는 이상적 인간상이라고 할 수 있다.

삼학과 불교윤리

불교는 인간이 청정한 삶을 살아가기 위한 방편으로 세 가지 주요한 수행, 즉 계정혜戒定慧 삼학을 초기불교부터 내놓았다.

이 세 가지 방식(삼학)의 수행은 단지 출가 수행자에게만 요구되는 것이 아니라, 모든 인간이 본래성을 회복하고 윤리적으로 살아가기 위한 보편적 윤리이다.

(1) 도덕적 기반의 확립 : 계戒

'계'는 불교 윤리의 출발점으로, 몸과 말, 그리고 뜻의 행위를 조절하고 다스리는 것을 의미한다. 포괄적으로 이해한다면, 악행을 삼가고 선행을 장려하며, 타인을 해치지 않고 자신을 지키는 것이다. 오계五戒는 이를 대표하는 실천적 계율로, 다음과 같다.

① 살생하지 말 것 : 생명을 존중하고, 모든 존재의 삶을 귀하게 여김
② 도둑질하지 말 것 : 타인의 소유를 침해하지 않음
③ 사음하지 말 것 : 정숙하고 절제된 관계 유지

④ 거짓말하지 말 것 : 진실을 말하고, 언어로 해치지 않음

⑤ 술과 마약을 삼갈 것 : 정신을 혼미하게 하는 것을 피함

이 계율들은 단순한 금지가 아니라 인간 내면의 평화와 타인에 대한 자비를 실현하는 최소한의 윤리적 대안들이다.

불교는 계율을 지키는 것이 곧 청정한 삶을 시작하는 실천임을 강조하는 면이 강하다. 그 행위가 마음의 경계를 세우고, 충동과 집착으로부터 자유로워지려는 노력을 의미하기 때문이다.

(2) 내면의 집중과 평정 : 정定

'정'은 마음의 집중과 고요함으로, 명상이나 참선과 같은 수행을 통해 맛볼 수 있다. 불교 윤리에서는 '행동'으로 실천하는 것뿐만 아니라, 그것을 가능하게 하는 내면의 상태까지 중시한다.

아무리 계율을 잘 지켜도 마음이 산란하고 욕망에 휘둘린다면, 진정한 청정성은 이루어지지 않는다. '정'은 바로 이러한 내면의 균형과 평정을 통해 계율을 실질화하는 역할을 한다.

명상 수행은 단순한 정신 수양이 아니라, 자기 자신을 있는 그대로 바라보는 훈련이며, 무명과 번뇌의 흐름을 자각하는

과정이다. 마음이 고요해질수록 우리는 현실을 더욱 명확하게 보고, 타인의 고통을 직시할 수 있다. 내면의 집중을 통해 바른 윤리적 선택과 판단의 근거를 찾을 수 있는 것이다.

(3) 통찰과 자비의 지혜 : 혜慧

'혜'는 '지혜'이며, 무지에서 벗어나 올바른 이해를 이루는 상태이다. 불교는 무명을 모든 고통의 근원으로 이해한다. 따라서 인간은 단지 도덕적 선함을 넘어, 존재와 삶의 본질에 대한 통찰을 통해 해탈의 길로 나아가고자 한다. 이 지혜는 고통의 원인을 이해하고, 그 해소 방법을 아는 실천적 지성이다.

불교의 지혜는 지식으로 '아는 것'이 아니라 통찰로 '꿰뚫어 보는 것'이다. 세상 모든 존재가 연기적으로 상호 관련을 맺고 있다는 사실을 깨달을 때, 우리는 자아에 대한 집착을 내려놓고, 타인을 자기처럼 여길 수 있는 자비심을 가질 수 있다. 이러한 지혜가 없이는 어떤 윤리적 삶도 지향할 수 없다.

여덟 가지 바른 삶의 방식 : 팔정도

불교가 내놓은 윤리성의 출발은 아무래도 중도적(팔정도) 실천에 있다. 팔정도는 부처님이 보드가야에서 정각을 이루신 뒤 녹야원으로 자리를 옮겨 5비구를 제도할 때 최초의 설법과 함께 제시된 윤리적 삶의 실천적 지침이다. 이는 단순한 명상이 아니라, 일상 속에서 인간 본래의 청정함을 회복하며 고통을 벗어나기 위한 구체적 여덟 가지 길인 것이다.

이 길은 불교에서 말하는 사성제 가운데 도道에 해당하며, 삶의 모든 영역에 적용될 수 있는 실천 체계이다.

(1) 정견正見 : 바른 이해

'바른 이해'는 인간과 세상을 올바르게 보는 안목을 말한다. 고苦·무상無常·무아無我라는 삶의 진리를 인식하고, 모든 존재가 인연에 따라 생기고 사라짐을 이해하는 것이다. 정견은 윤리적 삶의 바탕이 되며, 인간의 고통에 대한 깊은 이해를 바탕으로 타인의 고통에도 공감할 수 있는 가능성을 갖게 한다.

(2) 정사유正思惟 : 바른 사유

'바른 사유'는 자비롭고 이타적인 마음을 지속적으로 유지하는 것이다. 탐욕과 증오, 해치려는 생각을 버리고, 자애와 연민, 이해와 공감의 방향으로 사고를 전환하는 것이다. 이는 말과 행동 이전의 마음 상태를 정화하는 매우 중요한 요소이다.

(3) 정어正語 : 바른말

'바른말'은 인간관계를 형성해 가는 핵심적인 수단으로 거짓말·험담·욕설·쓸데없는 말을 삼가고, 진실하고 유익한 말을 하는 것이다. 우리의 언어는 사람의 마음을 치유하거나 해칠 수 있으므로, 불교 윤리는 말이 업業을 만든다고 본다. 청정한 말은 청정한 마음에서 비롯되며, 그것이 곧 인간 본래의 본성을 반영하는 거울이 되기 때문이다.

(4) 정업正業 : 바른 행동

'바른 행동'은 육체적 행위를 의미하는 것으로, 타인을 해치지 않으며, 정직하고 책임감 있는 자세로 삶을 사는 것이다. 삶의 모든 행위는 업을 만들어 내고, 그것은 다시 우리의 내면을 반영한다. 따라서 바른 행동은 마음을 청정하게 만들고,

자신과 타인의 평화를 이끄는 윤리적 기초가 된다.

(5) 정명正命 : 바른 생계

'바른 생계'는 올바른 방식으로 생계를 유지하는 것으로, 타인의 생명이나 자유를 해치지 않으며, 불법적·비윤리적인 직업을 피하는 것이다. 예를 들어, 무기 제조, 동물 도살, 사기 행위, 마약 유통 등은 정명에 어긋나는 직업에 해당한다. 삶의 방식 자체가 윤리적이지 않다면, 마음의 청정성을 유지할 수 없다.

(6) 정정진正精進 : 바른 노력

'바른 노력'은 악한 마음을 버리고 선한 마음을 기르기 위한 꾸준히 노력하는 것으로 여기에는 두 가지 측면이 있다. 이미 생긴 나쁜 마음은 제거하고, 아직 생기지 않은 나쁜 마음은 예방해야 한다. 반대로 이미 생긴 선한 마음은 발전시키고, 아직 생기지 않은 선한 마음은 일으켜야 한다. 이는 끈기 있게 수행할 것과 청정한 마음으로 살아가기를 요구하는 실천 윤리이기도 하다.

(7) 정념正念 : 바른 마음 챙김

'바른 마음 챙김'은 현재의 순간에 주의를 기울이고 깨어 있는 마음의 상태를 의미한다. 자기 생각·감정·행위가 어떤 방향으로 흘러가는지를 자각하며, 그것을 있는 그대로 바라보는 태도이다. 정념은 마음의 산란함을 극복하고, 모든 행위가 본래의 청정함으로 돌아가게 하는 중심 토대이기도 하다.

(8) 정정正定 : 바른 집중

'바른 집중'은 명상 수행의 궁극적 목표이며, 삼매三昧에 들어가는 집중 상태를 의미한다. 마음 집중이 이루어진 상태에서는 마음이 완전히 고요하고 순수해져서 일체의 번뇌가 사라진다. 바른 집중은 윤리적 삶의 완성으로 가는 마지막 관문이며, 인간 본래의 청정성에 이르는 체험적 진입점이기도 하다.

타자를 향한 청정성의 확장 : 보살행

대승불교는 개인의 해탈을 넘어서 모든 중생의 고통을 덜어주는 보살의 길을 강조한다. 보살은 본래 청정한 마음을 깨닫고, 그 깨달음을 바탕으로 모든 존재의 구원을 위해 헌신하는 존재이다. 보살행은 청정성을 바탕으로 한 불교적 윤리를 사회적으로 무한 확장한 결과로 얻어진 이상성들을 불교적 인간상으로 인격화한 것이다.

보살은 다음과 같은 육바라밀六波羅蜜을 통해 윤리적 삶을 실천한다.

① 보시布施 : 물질과 마음을 나누는 베풀고, 선근과 공덕을 원만히 하여 인격의 원만함을 이룸.
② 지계持戒 : 윤리와 계율을 지키는 삶으로 마음의 번뇌를 벗어남.
③ 인욕忍辱 : 참을성과 관용의 정신으로 지혜의 광명이 밝아짐.
④ 정진精進 : 멈추지 않는 노력과 실행으로 번뇌를 극복함.
⑤ 선정禪定 : 마음의 고요함과 집중으로 미세 번뇌까지 소

멸함.
⑥ 반야般若 : 깊은 통찰과 지혜로 연기에 대한 바른 이해가 일어남.

 이 밖에도 보살의 실천 윤리로 중생의 미혹 세계에서 벗어나는 '방편方便,' 어떤 것에도 집착하지 않아 지혜는 수승해지고 번뇌의 부림에 흔들리지 않는 '원願,' 무한한 지혜로 치우침 없이 가르치는 '력力,' 지혜의 구름이 진리의 비를 두루 내리듯 부처님의 가르침을 중생들에게 치우침 없이 전하는 '지智' 등이 있다.

 보살행은 자기를 비우고 남을 살찌우는 삶이다. 여기서 보살행의 '윤리'는 추상적 기준이 아니라, 매 순간 선택해야 할 과제이며 관계 속에서 작용으로 나타나야 한다. '나'를 중심으로 행동하지 않고, '너'와 '우리'를 중심으로 실현되어야 하는 것들이다.
 이 보살의 윤리는 본래 청정한 인간의 마음에서만 출발할 수 있으며, 그 청정성이 확장되어 세상 전체를 감싸는 과정인 것이다.

불교 윤리의 궁극은 자비의 실천에 있다. '자慈'는 즐거움을 주는 사랑이고, '비悲'는 고통을 덜어주는 연민이다.

자비는 단순한 감정이 아니라, 청정한 마음이 외부로 표현된 구체적 행위여야 한다. 자비로운 사람은 타인의 고통에 민감하고, 그것을 덜어주기 위한 책임을 느끼게 마련이다. 자비는 나와 너의 경계를 허물고, 모든 존재를 하나로 바라보게 하는 힘이다.

보시는 자비의 실천이다. 단지 금전적 나눔이 아니라, 말 한마디, 따뜻한 눈빛, 경청의 자세 등 모든 것이 보시가 될 수 있다.

보시는 불교적 윤리를 일상 속에 실천하는 방편이며, 청정한 마음을 현실에서 구현하는 적극적 실천이다. 그렇게 할 때, 불교 윤리는 '실천하는 깨달음'이 되며, 그것이 진정한 의미의 윤리적 삶이 된다.

불교적 윤리의 핵심인 자비慈悲와 보시布施는 단순한 미덕이나 도덕적 권장 사항이 아니다. 그것들은 번뇌를 끊고 본래 청정한 마음을 회복하는 수행적 윤리이며, 동시에 연기緣起의 세계를 바르게 살아가는 삶의 방식이다.

다시 말해, 자비와 보시는 불교에서 인간의 본래 청정한 본성本性을 드러내기 위한 실천적 수단이자, 윤리와 해탈이 일치

하는 길이다.

대승불교는 일체중생이 본래부터 불성을 지닌 존재라고 이해한다. '모든 생명이 있는 것들은 예외 없이 불성을 가지고 있다〔一切衆生 皆有佛性(일체중생 개유불성)〕'는 자각을 통하여 본래의 청정함을 드러내는 실천적인 방편으로 자비와 보시의 실천을 적극 권장한다.

마음의 이기심을 녹이고 공성을 드러내는 수행으로 타자에 대한 집착 없는 실천인 '자비'만한 게 없다. 아상我相을 허물고 무아無我의 실천으로 나아가는 길이며 '나'라는 협소한 틀을 넘어서는 '자기 해체'의 윤리이며, 청정한 마음으로 향하는 수행인 것이다.

자비는 모든 중생이 서로 의존한다는 연기법〔緣起(연기)〕의 통찰을 바탕으로 하며, 그 통찰은 근본 무지를 대체하는 지혜〔般若(반야)〕로 연결된다. 그러므로 자비는 감정이 아니라 진리에 기반한 실천이며, 무지에서 청정으로 나아가는 길이다. 게다가, 탐욕을 끊고 청정을 회복하는 가장 직접적인 실천인 보시도 소유와 애착을 극복하는 근본적인 수행일 수 있다.

그래서 『유마경』에서는 '사람이 모든 중생에게 보시하면, 교만과 탐심을 제거할 수 있다〔若人施於一切衆生 則能除我慢貪心(약인시어일체중생 즉능제아만탐심)〕',

라고 하여, '보시'가 타자에게 주는 것이면서 동시에 자신의 마음을 비우는 일이라고 하였다.

주는 순간, 나의 집착과 분별이 끊어지고, 마음은 다시 본래의 고요함으로 회복되는 것이다. 불교가 보시를 가장 기본적인 수행으로 삼는 이유는, 청정한 삶의 문을 여는 첫 번째 열쇠이기 때문이다.

자비와 보시의 윤리적 확장을 통하여 불교의 청정은 단지 개인의 마음을 '깨끗하게' 유지하는 상태가 아니라, 모든 존재와의 조화로운 관계 속에서 실현될 수 있는 최고의 가치가 된다. 자비는 타자와 연결되고자 하는 마음이며, 보시는 그 관계 속에서 타자에 대한 관계 방식인 것이다.

VI

공감의 윤리적 대안과
청정성 회복 가능성

윤리적 위기와 불교적 대안

 불교가 가르치는 인간의 청정성과 윤리적 삶이 오늘날의 다양한 현실 문제, 즉 사회적 갈등, 환경 위기, 교육의 혼란 등과 무관하지 않다.
 오늘날 인류는 역사상 유례없는 풍요의 시대에 살고 있다. 정보는 실시간으로 쏟아지고, 자본은 세상을 지배하며, 기술은 인간의 능력을 끊임없이 확장시켜 주고 있다.
 그러나 이 눈부신 진보의 이면에는 심각한 윤리적 위기가 도사리고 있다. 지식은 넘치지만 지혜는 메말랐고, 자본은 넘치지만 공감은 사라졌다. 이러한 현실 앞에서 우리는 근본적인 물음을 던져야 한다.

 '어떻게 살아야 하는가?'
 불교는 이 물음에 대하여 작은 목소리로 사뭇 예리한 대안을 제공한다. 부처님께서는 '고통(苦)의 실상을 먼저 직시하라'고 가르쳤다.
 현대 사회가 직면한 고통은 물질적 부족이 아니라, 존재의 방향 상실에서 비롯되었다. 정보와 자본의 홍수 속에서 인간은 타자와의 관계 속에서 자신을 잃고, 경쟁과 소비의 구조 속에서 윤리적 중심을 잃고 만 것이다.

현대인은 작은 노력으로 세상의 엄청난 정보를 얻을 수 있지만, 그만큼 마음은 산란해지기 쉽고 본질에 대한 통찰을 놓치는 경우가 허다하다. 필요하다 싶어 찾아 나선 지식의 세계가 도리어 마음의 산란을 낳아 자신마저 잃게 하고 말았다.

불교에서는 이것을 '망심妄心'이라 이해한다. 망심은 진실을 가리는 가짜 마음이며, 수많은 정보는 오히려 이 망심을 자극하여 인간을 외부에 끌려다니게 만든다.

이에 대한 불교의 해법은 '정념正念'이다. 지금 이 순간, 자기 마음을 응시하면서 지켜보는 '관觀'의 수행을 통해 우리는 정보의 바다에서 중심을 잡을 수 있을 것이다.

극단적인 개인주의와 이윤 추구는 현대 사회를 분열과 불평등으로 이끌고 있다. '나'와 '타자'를 구분하여 나누려고 하고, 타인을 경쟁자 혹은 소비의 대상으로 전락시키는 구조는 탐욕[貪]의 구조와 다르지 않다.

불교는 이러한 탐욕의 마음을 "삼독심三毒心" 중 하나로 이해하며, 이기적 욕망을 다스리는 수행을 강조한다. 자비慈悲는 타인을 위한 연민이자, 나의 이기심을 초월하는 힘이다. 자비의 실천이야말로 자본주의의 냉정한 폐단을 넘어설 수 있는 윤리적 전환임에 틀림없다.

현대 사회는 점점 더 많은 사회적 약자와 소외된 이들을 양산하고 있다. 교육, 경제, 건강, 주거 등 모든 분야에서 기회의 불균형은 더욱 심화되고 있다.

불교에서는 이를 단순한 사회 구조의 문제가 아니라, '업의 얽힘'으로 이해한다. 모든 존재는 인연 속에 있으며, 누구도 홀로 존재하지 않는다. 나의 삶과 행위는 반드시 타자의 삶에 영향을 미치게 마련이다. 사회적 고통은 '남의 일'이 아니라 '나의 일'인 것이다.

연기緣起의 법을 깨닫는 이는 타인의 고통을 외면할 수 없다. 불교적 복지와 윤리는 바로 이 연기적 공감에서 출발한다.

현대인들은 물질이 곧 가치가 되는 시대, 다시 말해서 '갖는 것'을 통해 존재하려 하는 시대에 살고 있다. 그러나 불교는 존재의 본질을 '무상無常'과 '공空'으로 이해한다. 어떤 것도 영원하지 않으므로 집착을 내려놓고 지혜롭게 살아야 한다.

소유를 중심으로 하는 삶에서 공空의 삶으로 전환하는 것은 단지 개인의 내면적 변화에 그치지 않는다. 그것은 소비와 성장 중심의 문명을 비우고, 존재 중심의 삶을 회복하는 혁명이 될 것이다.

자비와 공감, 비움의 실천만이 현대인의 윤리적 토대가 될 수 있다. 불교는 삶을 거창하게 바꾸거나 고치려 하지 않는다. 다만 지금 여기, 나의 마음을 돌이켜 보고, 이웃의 고통에 귀 기울이며, 욕망을 덜어내는 작은 실천을 요구할 뿐이다. 그러나 이 작고 보잘것없는 실천이야말로, 윤리적 위기의 시대를 이겨내는 가장 깊고 지속적인 길이 될 것이다.

오늘날 불교는 단지 종교가 아니라, 한 문명의 대안적 사유이며, 인간성과 공동체성을 회복하는 치유의 철학으로 자리 잡아야 한다. 자비와 지혜, 그리고 공空의 철학은 오늘의 세계가 잃어버린 윤리의 중심을 다시 세우는 불씨가 될 것이다.

이러한 것들은 현대 사회에 어떻게 적용될 수 있을까.

현대인은 정보와 기술의 홍수 속에서 살고 있다. 삶은 전보다 편리해졌지만, 인간의 내면은 점점 더 공허해지고 말았다. 경쟁과 비교는 불안을 심화시키고, 소비 중심의 문화는 끝없는 욕망을 부추기고 있다. 이러한 사회적 구조는 인간의 본래 청정성을 망각하게 만들고, 번뇌와 탐욕을 일상 속에서 조장

하기도 한다.

  불교는 이러한 현대 사회에 직면하여 단순히 도덕을 회복하라고 말하는데 그치지 않고, 근본적으로 인간이 자기 본성을 되찾고 내면의 평화에서 윤리적 실천을 시작해야 한다고 가르친다.

  본래의 청정성을 기반으로 할 때, 비로소 우리는 타인과의 관계 속에서도 존중과 배려를 실현할 수 있는 것이다. 또한 불교적 가르침이 일상과 사회의 모든 영역에서 실현 가능한 지침이 될 수 있을 것이다.

공감과 어울림의 윤리적 실천

 불교 윤리는 가정의 울타리 안에서도 유효한 가르침이다. 부모는 자녀에게 탐욕보다 나눔을, 경쟁보다 협력을, 불안보다 자비를 가르쳐야 한다. 가정이 곧 수행의 도량이며, 불교에서 말하는 '수행자'는 산속에서 명상을 하는 자만이 아니라, 일상의 관계 안에서 자비와 청정성을 포괄적으로 실천하는 사람들이다.
 공동체 안에서 윤리적으로 살아간다는 것은, 단지 법을 지키는 것이 아니라 구성원 사이의 신뢰와 연대를 구축하는 것이다.
 청정한 마음은 곧 타인을 판단하거나 배척하지 않는 태도로 나타나며, 이는 공동체적 갈등을 줄이고 서로를 돕는 분위기를 형성하게 한다. 회사나 학교, 동아리 같은 모든 사회적 조직은 이러한 청정한 삶의 실천을 통해 더 인간다운 환경으로 변화될 수 있을 것이다.

 현대 학교 교육은 지식 전달과 입시 준비에 매달려 있다. 친구 동료와 경쟁하여 우위에 서고, 그 힘으로 좋은 대학, 좋은 학과에 진학하고, 좋은 직업을 가질 수 있는 수단으로 교육이 이용되고 있는 것이다.

그러나 불교적 관점에서 진정한 교육은 인간의 본성을 일깨우는 작업이어야 한다. 교육은 마음을 고요하게 하고, 자비심을 기르며, 세상을 통찰하는 지혜를 전수하는 일이어야 하는 것이다. 불교에서 말하는 '지혜'는 시험 점수를 높이기 위한 정보가 아니라, 삶을 올바로 바라보는 시각이기 때문이다.

교육은 단지 정보를 전달하는 시스템이 아니라, 인간이 본래 가지고 있는 청정한 본성을 함께 확인하고, 그것을 삶 속에서 실현해 가는 과정이어야 한다. 학생들 또한 경쟁과 불안 속에서 자기 존재의 가치를 잊는 것이 아니라, 자신이 이미 소중한 존재라는 사실을 자각해야 한다. 이것이 바로 불교가 말하는 '자성自性 깨달음'의 교육적 해석이다.

지구 생태계가 무너지고 있는 오늘날, 불교의 청정성 개념은 환경윤리의 중요한 근거가 되었다. 인간이 본래 청정하다는 믿음은, 자연도 또한 청정하고 신성한 존재라고 바라보게 만들었다. 불교는 인간과 자연을 분리하지 않고, 인간이 나무·동물·공기·물 등 모든 존재와 상호 의존적으로 유기적 관계를 맺고 있다고 본다.

불교의 보시 정신은 단지 사람에게만 적용되는 윤리가 아니다. 자연을 존중하고, 최소한의 것으로 만족하며, 불필요한 소비를 줄이는 것이 곧 청정한 삶의 윤리인 것이다.

예를 들어 채식, 에너지 절약, 쓰레기 줄이기 등은 단순한 환경 보호가 아니라, 불교적 삶의 실천인 것이다. 이는 지구를 위해 무엇을 '더 해야 하는가'를 가지고 고민하기보다, '덜 하며 살아가는 지혜'의 중요성을 일깨워준다.

디지털 기술의 발달은 인간의 삶을 급격히 바꾸고 말았다. 정보 과잉, 가짜 뉴스, 온라인 폭력, 사생활 침해 등은 현대인이 일상적으로 마주하는 문제가 되었다.

이러한 기술 시대의 윤리 문제는 외부 시스템만으로 해결되지 않는다. 윤리적 판단의 핵심에는 사용자의 '마음 상태'가 어떠하냐가 자리하고 있다.

불교는 마음이 본래 청정하다는 전제 아래, 기술 또한 그것을 구현하는 도구가 될 수 있다고 본다. SNS를 통해 자비의 메시지를 전하거나, 명상 앱을 활용하여 자기 성찰의 시간을 갖는 일은 그 좋은 사례가 될 수 있을 것이다.

중요한 것은 기술을 통해 무언가를 '만드는 것'이 아니라, 그것을 사용하는 인간의 의식이 청정한가 하는가에 달려 있다. 그러므로 기술 윤리 또한 내면의 청정성을 회복하고 유지하는 데에서 출발해야 하는 것이다.

현대 사회는 정치적 양극화, 경제적 불균형, 세대 간 갈등, 젠더 문제 등 수많은 대립과 분열을 겪고 있다. 이럴 때 필요한 것은 논리적 승부가 아니라, 공감과 자비다. 불교는 상대를 이기기 위한 논쟁보다는, 서로의 고통을 이해하고 함께 벗어날 길을 모색하는 길을 추구해야 한다.

자비는 감상적인 동정이 아니라 타인의 고통을 '나의 문제'로 받아들이는 태도이며, 그 고통을 줄이기 위한 구체적인 실천이다. 청정한 마음을 가진 자는 분노와 비난으로 대응하지 않으며, 대신 경청과 이해, 협력의 자세로 갈등에 다가선다. 이런 자비의 윤리는 갈등을 치유하는 새로운 언어가 될 수 있다.

맺는 글
어울리는 삶과 열리는 길

 불교는 인간을 부정하거나 타락한 존재로 이해하지 않는다. 오히려 인간은 본래적으로 맑고 순수하며, 그 본성 안에 무한한 가능성과 자비, 지혜가 깃들어 있다고 가르친다.
 이와 같은 관점은 인간을 구원받아야 할 존재로 보지 않고, 스스로의 내면에 이미 구원의 씨앗을 지닌 존귀한 존재로 바라보게 한다. 불교에서 말하는 '모든 중생은 본래 부처'라는 선언은 인간에 대한 깊은 신뢰와 긍정, 그리고 동시에 윤리적 책임의 요청을 내포한다고 하겠다.

 현대 사회는 외면적으로는 풍요롭지만, 내면적으로는 점점 더 황폐해져 가고 있어 보인다. 기술은 눈부시게 발전했지만 인간 관계는 단절되고 있으며, 경쟁은 치열해졌지만 연대는 느슨해지고 말았다. 우리는 타인뿐 아니라 자기 자신과의 관계에서도 소외의 골이 깊어지고 있다.
 이런 현실에서 불교의 청정성 사상은 하나의 철학적 대안이 될 수 있다. 그것은 단지 '착하게 살자'는 수준의 도덕이 아니라, 인간 존재 전체를 바라보는 관점의 전환을 요구하는 것이다.

청정한 삶이란 단순히 죄를 짓지 않는 삶이 아니다. 그것은 스스로의 내면을 돌아보고, 마음속에 일어나는 탐욕과 분노, 어리석음을 비추어 보며, 그 흐름을 정화하는 실천의 연속이어야 한다.

이 실천은 팔정도와 삼학, 보살행과 같은 불교의 수행 체계를 통해 구체화되며, 각 개인의 삶을 변화시키는 동시에 사회 전체에 영향을 미칠 수 있다. 청정한 마음을 회복한 사람은 타인을 향해 열린 마음을 갖게 되고, 세상을 보는 눈도 근본적으로 달라지게 마련이다.

윤리적 삶은 고립된 선택이 아니다. 그것은 존재 전체와의 관계를 다시 맺는 행위이며, 모든 생명과의 연결을 회복하는 작업이다.

불교는 우리에게 "나만이 중요한 것이 아니다"라고 가르친다. 내가 청정해질수록 세상도 함께 정화되게 마련이다. 나의 언어, 나의 생각, 나의 행동 하나하나가 세상을 바꾸는 씨앗이 될 수 있다. 이 믿음이야말로 불교 윤리의 핵심이자, 인간 본래 청정성의 실천적 확장임에 틀림없다.

 청정한 삶을 산다는 것은 결코 완벽해지겠다는 강박관념이 아니다. 그것은 계속해서 마음을 점검하고, 때로는 넘어지더라도 다시 일어나며, 매 순간 자기 본성을 향해 정직하게 다가가는 일이다.

 불교는 우리에게 완전한 사람이 되라고 말하지 않는다. 대신, 진실한 사람이 되라고 말한다. 그리고, 자신을 정직하게 보고, 타인을 자비롭게 바라보며, 삶의 모든 순간에 깨어 있으라고 권한다.

 결국, 불교적 윤리는 인간이 본래 지닌 청정성을 믿는 데서 출발하며, 그것을 일상 속에서 구현하려는 지속적인 실천이다.

 이 윤리는 타율적 억압이 아니라, 자발적 각성과 사랑을 기반으로 하며, 현대 사회가 잃어버린 인간다움의 회복이라는 점에서 더욱 절실한 의미를 가진다.

 우리가 윤리적으로 살아야 하는 이유는, 우리가 본래 그런 존재이기 때문이다. 그러므로 불교는 '자신을 이기는 자가 가장 위대하다.'고 말한다. 그것은 곧 자신의 욕망·어리석음·분노를 이겨내고 본래의 청정한 자아를 회복하는 것을 의미한다.

이 내면의 승리는 외부 세계에서의 어떤 성취보다도 깊고, 지속적인 만족과 평화를 가져다줄 것이다.

이제 우리는 선택의 갈림길에 서 있다.

외부의 혼란과 욕망에 휩쓸려 살아갈 것인가? 아니면 본래 청정한 마음을 회복하며 조용하지만 강한 윤리적 삶을 선택할 것인가?

그 선택은 각자에게 달려 있으며, 그 길의 끝에는 궁극적인 자유인 해탈와 깨달음의 완성인 열반이 기다리고 있다.

어울리면 열리는 길(도영큰스님 법어집)

초 판 1쇄 펴낸날 2025년 10월 27일

지은이 도영스님
펴낸이 김연지
펴낸곳 효림출판사

등록일 1992년 1월 13일 (제2-1305호)
주 소 서울시 서초구 반포대로14길 30, 907호 (서초동, 센츄리Ⅰ)
전 화 02-582-6612, 587-6612
팩 스 02-586-9078
이메일 hyorim@nate.com

값 12,000원

ⓒ효림출판사 2025
ISBN 979-11-94961-05-5 (03220)

잘못 만들어진 책은 바꾸어 드립니다.
이 책은 저작권법에 따라 보호를 받는 저작물이므로 무단전재와 무단복제를 금지합니다.